长江文明之旅

文学艺术篇

/科技部推荐优秀科普图书/

寓言典故

总顾问 冯天瑜 钮新强
总主编 刘玉堂 王玉德

柳燕 温显贵 著

上海科学技术文献出版社
Shanghai Scientific and Technological Literature Press

长江出版社
CHANGJIANG PRESS

长江文明馆献辞
（代序一）

冯天瑜

无边落木萧萧下，
不尽长江滚滚来。
——杜甫《登高》

江河提供人类生活及生产不可或缺的淡水，并造就深入陆地的水路交通线，江河流域得以成为人类文明的发祥地、现代文明繁衍畅达的处所。因此，兼收自然地理、经济地理、人文地理旨趣的流域文明研究经久不衰。尼罗河、幼发拉底—底格里斯河、印度河、恒河、莱茵河、多瑙河、伏尔加河、亚马孙河、密西西比河、黄河、珠江等河流文明，竞相引起世人关注，而作为中国“母亲河”之一的长江，更以丰饶的自然秉赋、悠远深邃的文化积淀、广阔无垠的发展前景，理所当然成为江河文明研究的翘楚。历史呼唤、现实诉求，长江文明馆应运而生。她以“长江之歌 文明之旅”为主题，以水孕育人类、人类创造文明、文明融于生态为主线，紧紧围绕“走进长江”、“感知文明”和“最长江”三大核心板块，利用现代多媒体等手段，全方位展现长江流域的旖旎风光、悠久历史和璀璨文明。

干流长度居亚洲第一、世界第三的长江，地处亚热带北沿，人类文明发生线——北纬30° 线横贯流域。而此纬线通过的几大人类古文明区（印度河流域、两河流域、尼罗河流域等）因副热带高压控制，多是气候干热的沙漠地带，作为文明发展基石的农业仰赖江河灌溉，故有“埃及是尼罗河赠礼”之说。然而，长江得大自然眷顾，亚洲大陆中部崛起的青藏高原和横断山脉阻挡来自太平洋季风的水汽，凝集为巫山云雨，致使这里水热资源丰富，最适宜人类生存发展，是中国乃至世界自然禀赋优越、经济文化潜能巨大的地域。

长江流域的优胜处可归结为“水”—“通”—“中”三字。

一、淡水富集

长江干流、支流纵横，水量充沛，湖泊星罗棋布，湿地广大，是地球上少有的亚热带淡水富集区，其流域蕴蓄着中国35%的淡水资源、48%的可开发水电资源。如果说石油是20世纪列国依靠的战略物资，那么，21世纪随着核能及非矿物能源（水能、风能、太阳能等）的广为开发，石油的重要性呈缓降之势，而淡水作为关乎生命存亡而又不可替代的资源，其地位进一步提升。当下的共识是：水与空气并列，是人类须臾不可缺的“第一资源”。长江的淡水优势，自古已然，于今为烈，仅以南水北调工程为例，即可见长江之水的战略意义。保护水生态、利用水资源、做好水文章，乃长江文明的一个绝大题目。

二、水运通衢

在水陆空三种运输系统中，水运成本最为低廉且载量巨大。而长江的水运交通发达，其干支流通航里程达6.5万千米，占全国内河通航里程的52.5%，是连接中国东中西部的“黄金水道”，其干线航道年货运量已逾十亿吨，超过以水运发达著称的莱茵河和密西西比河，稳居世界第一位。长江中游的武汉古称“九省通衢”，即是依凭横贯东西的长江干流和南来之湖湘、北来之汉水、东来之鄱赣造就的航运网，成为川、黔、陕、豫、鄂、湘、赣、皖、苏等省份的物流中心，当代更雄风振起，营造水陆空几纵几横交通枢纽和现代信息汇集区。

三、文明中心

如果说中国的自然地理中心在黄河上中游，那么经济地理、人口地理中心则在长江流域。以武汉为圆心、1000千米为半径画一圆圈，中国主要大都会及经济文化繁荣区皆在圆周近侧。居中可南北呼应、东西贯通、引领全局，近年遂有“长江经济带”发展战略的应运而兴。长江经济带覆盖中国11个省（市），包括长三角的江浙沪3省（市）、中部4省和西南4省（市）。11省（市）GDP总量超过全国的4成，且发展后劲不可限量。

回望古史，黄河流域对中华文明的早期发育居功至伟，而长江流域依凭巨大潜力，自晚周疾起直追，巴蜀文化、荆楚文化、吴越文化与北方之齐鲁文化、三晋文化、秦羌文化并耀千秋。龙凤齐舞、国风—离骚对称、孔孟—老庄竞存，共同构建二元耦合的中华文化。中唐以降，经济文化重心南移，长江迎来领跑千年的辉煌。近代以来，面对“数千年未有之大变局”，长江担当起中国工业文明的先导、改革开放的先锋。未来学家列举“21世纪全球十大超级城市”，依次为：印度班加罗尔、中国武汉、土耳其伊斯坦布尔、中国上海、泰国曼谷、美国丹佛、美国亚特兰大、墨西哥昆坎—图卢姆、西班牙马德里、加拿大温哥华。在可预期的全球十大超级城市中，竟有两个（武汉与上海）位于长江流域，足见长江文明世界地位之崇高、发展前景之远大。

为着了解这一切，我们步入长江文明馆，这里昭示——

一道天造地设的巨流，怎样在东亚大陆绘制兼具壮美柔美的自然风貌；

一群勤勉聪慧的先民，怎样筚路蓝缕，以启山林，开创丰厚优雅的人文历史。

（作者系长江文明馆名誉馆长、武汉大学人文社科资深教授）

一馆览长江 水利写文明

（代序二）

钮新强

“你从雪山走来，春潮是你的风采；你向东海奔去，惊涛是你的气概……”一首《长江之歌》响彻华夏，唱出中华儿女赞美长江、依恋长江的深厚情感。

深厚的情感根植于对长江的热爱。翻阅长江，她横贯神州6300千米，蕴藏了全国1/3的水资源、3/5的水能资源，流域人口和生产总值均超过全国的40%；她冬寒夏热，四季分明，沿神奇的北纬30°延伸，形成了巨大的动植物基因库，蕴育了发达的农业，鱼儿欢腾粮满仓的盛景处处可现；她有上海、武汉、重庆、成都等国之重镇，现代人类文明聚集地如颗颗明珠撒于长江之滨；她有神奇九寨、长江三峡、神农架等旅游胜地，多少享誉世界的瑰丽美景纳入其中；她令李白、范仲淹、苏轼等无数文人墨客浮想联翩，写下无数赞美的词赋，留下千古诗情。

长江两岸中华儿女繁衍生息几千年，勤劳、勇敢、智慧，用双手创造了令世人瞩目的巴蜀文明、楚文明及吴越文明。这些文明如浩浩荡荡的长江之水，生生不息，成为中华文明重要组成部分。

人类认识和开发利用长江的历史，就是一部兴利除弊的发展史，也是长江文明得以丰富与传承的重要基石。据史料记载，自汉代到清代的2100年间，长江平均不到十年就有一次洪水大泛滥，历代的兴衰同水的涨落息息相关。治国先必治水，成为先祖留给我们的古训。

为抵御岷江洪患，李冰父子筑都江堰，工程与自然的和谐统一，成就了千年不朽，成都平原从此“水旱从人、不知饥馑”,天府之国人人神往。

一条京杭大运河，让两岸世世代代的子孙受惠千年。今天，部分河段化身为南水北调东线调水的主要通道，再添新活力，大运河成为连接古今的南北大命脉。

新中国成立以后，百废待兴，党和政府把治水作为治国之大计，长江的治理开发迎来崭新的时代。万里长江，险在荆江。1953年完建的荆江分洪工程三次开闸分洪，抗击1954年大洪水，确保了荆江大堤及两岸人民安全。面对’54洪魔带来的巨大创伤，长江水利人开启长江流域综合规划，与时俱进，历经3轮大编绘，使之成为指导长江治理开发的纲领性文件。

“南方水多，北方水少，能不能从南方借点水给北方？”毛泽东半个多世纪前的伟大构想，是一个多么漫长的期盼与等待呀。南水北调的蓝图，在几代长江水利人无悔选择、默默坚守、创新创造中终于梦想成真，清澈甘甜的长江水在“人造天河”里欢悦北去，源源不断地流向广袤、干渴的华北平原，流向首都北京，流向无数北方人的灵魂里。

新中国成立以来，从长江水利人手中，长江流域诞生了新中国第一座大型水利工程——丹江口水利枢纽工程、万里长江第一坝——葛洲坝工程、世界最大的水利枢纽——三峡工程。与此同时，沉睡万年的大小江河也被一条条唤醒，以清江水布垭、隔河岩等为代表的水利工程星罗棋布，嵌珠镶玉。这是多么艰巨而充满挑战、闪烁智慧的治水历程!也只有在这条巨川之上，才能演绎出如此壮阔的治水奇观，孕育出如此辉煌的水利文明，为古老的长江文明注入新的动力!

当前，长江经济带战略、京津冀协同发展战略及一带一路建设正加推提速，长江因其特殊的地理位置与优质的资源禀赋与三大战略（建设）息息相关，长江流域能否健康发展关系着三大战略（建设）的成败。因此，长江承载的不仅是流域内的百姓富强梦，更是中华民族的伟大复兴梦。长江无愧于中华民族母亲河的称号，她的未来价值无限，魅力永恒。

武汉把长江文明馆落户于第十届园博会园区的核心区，塑造成为园博会的文化制高点和园博园的精神内核，这寄托着武汉对长江的无比敬重与无限珍爱。可以想象，长江文明馆开放之时，来自五湖四海的人们定将发出无比的惊叹：一座长江文明馆，半部中国文明史。

（作者系长江文明馆名誉馆长，中国工程院院士、长江勘测规划设计研究院院长）

前言

在漫长的发展时间和广阔的空间范围内，长江流域的人们或运用他们的智慧，为后人积淀出众多的寓言和典故，成为当今语言文化的瑰宝中不可或缺的一部分；或通过他们的所作所为产生影响，成为长江流域内外人们津津乐道的语言精华，被浓缩运用于实际的语言表达之中。而这些语言精华很少有人专门把它们从地域的眼光加以聚拢、审视、研究和利用，因而，以长江流域为总体视角，关注其间寓言典故的内涵、数量、时代性、地域性等特点及其文化价值，在当今文化大繁荣的新形势下十分有必要。

一

在中华民族瑰丽宏富的文化艺术宝库中，寓言是最早形成的文学体裁之一。它与印度寓言和希腊寓言，构成了世界寓言的三大板块，成为中国古代文明自立于世界之林的有机组成部分。

在中国文学史上，“寓言”一词最早见于《庄子》。《天下篇》说：“以天下为沉浊，不可与庄语，以卮言为曼衍，以重言为真，以寓言为广。”《寓言篇》说：“寓言十九，重言十七。卮言日出，和以天倪。寓言十九，藉外论之。”庄子所说的“寓言”，指的是寄托之言，也就是假托别人所说的话。

寓言在古代还有很多其他称谓。韩非子称之为“喻”和“说”，其“储说”六篇共搜集了两百个故事来宣传自己的法制主张。从字面上来理解，“储说”就好像是把自己的思想主张储放、寄托于故事之中。汉代刘向《别录》称作“偶言”，云：“偶言者，作人姓名，使相与语。”突出了寓言假托、虚构的特点。刘勰在其著名的文学理论著作《文心雕龙》中，把寓言归于“谐隐”“踳驳”类。其《谐隐》中说：“隐者，隐也。遁辞以隐意，谲譬以指事也。”指出了寓言譬喻说理的特点。汉魏以来对佛经寓言的翻译大多采用“譬喻”的名称，如《百句譬喻经》《杂譬喻经》等。宋代的《艾子杂说》堪称中国最早的寓言专集，采用了“说”这个名称。明末比利时传教士金尼格和中国人张赓合译的《伊索寓言》，则题称《况义》。

另外，还有很多寓言散在文集之中，有“戒”“志”“言”等多种称谓，纷繁复杂、不一而足。

关于寓言的特点，外国学者也有很多精辟的论述。俄国杰出的文学评论家别林斯基称：“寓言是理性的诗歌。”陀罗雪维支也说：“寓言是穿着外衣的真理。”德国著名文艺理论家莱辛从寓言创作的角度阐明其形式的构成，他说：“要是我们把一句普遍的道德格言引回到一件特殊的事件上，把真实性赋予这个特殊事件，用这个事件写一个故事，在这个故事里大家可以形象地认识这个普遍的道德格言，那么，这个虚构的故事便是一则寓言。”法国著名的寓言大师拉·封丹说：“一个寓言可以分为身体和灵魂两部分，所述的故事好比是身体，所给予人们的教训好比是灵魂。”

从这些分析和论述中，我们可以清楚地看到寓言是作者别有寄托的故事，其思维特点就是用一个具体形象的故事去体现深奥的道理，揭示感性故事下被掩藏的理性和真理。因此寓言必须具备两大要素：一是故事性，二是寄托性。这两大要素形成了寓言的双重结构，其表层结构是一个故事，即‘寓体’；其深层结构是作者所寄托的一种思想观念，即‘寓意’”。

再来看典故。所谓“典”，就是指前人的典籍；所谓“故”，就是指前人典籍中的故事。以词语的形式引用前人文献典籍中的故事，或引用前人文献典籍中有故事来历的词语称之为典故。前者为事典，后者为语典。因此，对“典故”一词的解释，“引用”、“前人文献典籍”、“故事”、“词语”是关键词。引用不分口语和书面语；前人是指引用者以前的人，而不单纯指古人；故事是指所引用的典故必须有故事性或有故事来历；词语是指典故必定是以结构相对固定的词语作名称。

因此对于寓言和典故而言，两者在“故事”这个层面上交集较多，这些“故事”中包含着非常丰富的历史事件、治国策略、哲学思想、处世之道或奇人轶事等。在长期的语言运用实践中，经过沿习使用，被广泛认可后形成结构相对固定、意义完整的成型词组，具有高度的凝练性和概括性。人们在写作诗文等作品时，还常常喜欢引用这些寓言和典故，以增强语言的内涵和表现力。寓言和典故都是语言文化的精华，是语言文化的“活化石”，也是值得深度整理挖掘的语言文化资源和学术思想宝库，因而，一直以来都备受人们的关注和喜爱。

二

长江流域的寓言与典故是在广阔的地理空间范围和漫长的时间长河中逐渐积累而成的，他们既具有长江流域的特定地域文化特点，也有各个不同历史时期的时代文化特点。

远古以及夏、商、东周时期，由于文字记录的困难，长江流域的寓言典故流传至今的并不多。但是长江流域的一代代劳动人民通过口耳相传，流传下来了许多神话和传说。这些神话和传说，反映了远古时期长江流域的社会面貌、名人轶事和自然灾难，以及人类同自然界作斗争的经历，例如“江娥啼竹”、“望帝啼鹃”、“虫沙猿鹤”等。它们从不同方面为后世了解和研究远古社会提供了宝贵的资料，也为后世的文学创作提供了丰富的素材。

到了春秋战国时期，随着社会的进步，文字记录更加容易了，很多历史事件在诸子散文或《左传》、《战国策》以及后来的《史记》中明确记录下来，于是很多的寓言典故自然流传下来。另外，春秋战国时期诸侯争霸、连年征战，代表不同政治集团、社会阶层、学术流派的策士们，奔走于各国之间，纵横驰骋，四处游说，发表自己的思想见解，推行自己的政治主张。在这个过程中，策士们面对权贵既要讲究“情欲信”，也得追求“辞欲巧”，于是不得不常常借助征引、寓寄等方式说理论事，因此，这个时期是寓言发展的一个高峰时期。

春秋时期，长江流域的大诸侯国主要有楚、吴、越等，这几个国家之间常年相互征伐。到了战国时期，楚国尽收吴越之地。这个时期有很多寓言、典故直接反映了当时长江流域楚、吴、越三国的政治、军事、外交等方面的重大事件。如同处今天江浙一带的吴、越两国曾世代为仇，在多年相互征伐的过程中留给我们“卧薪尝胆”、“沉鱼落雁”、“东施效颦”等故事。另外，长江流域的诸侯国也与黄河流域的诸侯国之间有较多的政治、军事、外交活动。例如，齐国大夫晏子出使楚国，流传下“晏子使楚”“挥汗成雨”、“摩肩接踵”、“橘化为枳”等故事。在楚国南征北讨，谋求称霸的过程中，流传下来“城下之盟”、“退避三舍”、“尔虞我诈”等故事。这些故事都是春秋战国时期长江流域社会历史的重要组成部分，具有重要的历史参考和研究价值。

位于长江上游的巴蜀地区，其文化起源很早，但真正达到大的发展和繁荣却从秦汉以后才开始，因而这一时期该地区基本没有留下太多值得记忆的寓言与典故。

春秋战国时期，长江流域也出现了很多表现官吏和士人嘉行懿德的寓言典故，一般表现为官吏的爱国爱民、尊贤下士和士人的洁身自好、不慕富贵等品质和节操，例如楚国大夫屈原虽忠事楚怀王，却屡遭排挤。后来，大家就用“黄钟毁弃，瓦釜雷鸣”来形容有才德的人被弃置不用，而无才德的平庸之辈却居于高位。另外又如“毁家纾难”、“曳尾泥涂”、“高山流水”、“颠张醉素”、“米颠拜石”、“胸有成竹”等。他们的这些美德和才情为后世树立了楷模和典范，成为中华民族一笔宝贵的精神财富。

同样在春秋战国时期，还产生了大量与长江流域有关联的、富有深刻哲理的寓言典故，这在其他的历史时期是不曾出现的。例如“汉阴丈人”、“鼓盆而歌”、“东郭问道”、蜗角大战”、“自相矛盾”、“刻舟求剑”、“惊弓之鸟”、“亡羊补牢”、“螳螂捕蝉，黄雀在后”等，其中凝结着先人思想和认识的精髓，是先人思想和智慧的结晶，对后世之人具有重要的启示和 借鉴意义。

三

秦汉是中国第一个大一统时期，统一的多民族国家的概念由此形成。尤其是“文景之治”之后，国力强盛、社会安定，所以寓言典故更多的反映社会生活，反映战争的主要集中于秦末起义和楚汉相争时期。

西汉建立以后，国家政治稳定，社会安定。这一时期的寓言典故大多反映的是名臣廉吏的事迹和名人逸事，如“凤求凰”、“千金买赋”、“陈蕃下榻”等。

秦汉时期具有深刻哲理内涵的寓言典故相对于春秋战国而言明显减少。这是因为春秋战国时期，夏、商、西周所奉行的奴隶制社会制度已不能适应社会，并开始制约社会生产力的发展。所以，亟待确立一种新的社会制度，在这个历史背景下，中华民族的无数先贤们开始以自己的才智来构思社会发展的蓝图，于是出现了“百家争鸣”的盛况，各种思想不断碰撞，自然就出现了很多警醒世人、富含哲理的寓言典故。到了秦汉时期，由于封建制度得以确立，无论是秦朝采用法家思想治国，还是西汉初年奉行无为而治的黄老思想，再到汉武帝“罢黜百家，独尊儒术”，在大一统的政治格局下，社会思想趋于稳定，没有“百家争鸣”的思想土壤，自然也就不会产生很多富含哲理的寓言典故。在这种时代背景之下，寓言典故更多是借鉴秦历二世而亡的教训,为空前统一的汉王朝寻求长治久安之道。

东汉末年，外戚专权，宦官秉政，政治腐败，天灾不断。汉灵帝中平元年(公元184年)，黄巾起义爆发，从此开始了近一百年的战乱时代。黄巾起义后，东汉中央政府失去对地方的控制，各地豪强招兵买马，割据地方。经过多年的军阀混战，曹操、刘备、孙权三家势力脱颖而出，最终形成魏、蜀、吴三国鼎立的局面。三国鼎立时期，在公元196—266年之间。这段历史按照国学大师钱穆的说法：俨然一段小春秋。

曹魏原本与长江流域的关系不甚密切，与之相应的寓言典故也甚是寥寥。但曹操南征北战，戎马一生，还是与长江流域有着千丝万缕的联系。如赤壁之战、东征徐州、南攻荆州，这里面既有征战谋略，也有与长江流域的高人雅士交往的故事，都很值得一提。当然，三国时期与长江流域关系最密切的主要是蜀、吴两国，宏观上以长江为主线，以荆州、成都为主要立足点，蜀汉历史上的著名人物如明珠点缀其间。既有天下英雄惟使君的刘备，又有指挥若定失萧曹的诸葛亮，还有千秋义气丹心耿的关羽、雄猛盖世勋名扬的张飞、英雄气壮蜀山河的赵云、甘让卧龙作老臣的庞统、九伐中原竟无成的姜维等这些重量级的人物。这些可歌可泣、可怨可叹的历史故事无不耐人寻味，也成为传奇、小说、戏曲、影视等浓墨重彩加以演绎的重头戏。

四

两晋南北朝时期，从西晋武帝司马炎泰始元年(公元265年)到北朝北周静帝宇文阐大定年间(公元581年)，历经九朝，历时316年。这个时代既是一个俊才云蒸的时代，也是一个展现风流的时代，更造就了足堪与春秋战国相比拟的辉煌灿烂的文化。美学家宗白华先生在《美学散步》中也说：“汉末魏晋六朝是中国政治上最混乱、社会上最苦痛的时代，然而却是精神史上极自由、极解放，最富于智慧、最浓于热情的一个时代。因此也就是最富有艺术精神的一个时代。”有鉴于此，这个“最富有艺术精神的一个时代”所留下的寓言典故数量之多，内容之丰富，可读性之强，为其他朝代所难敌。

另外，这个时期由于受到外来佛教的影响和本土道教的影响，宗教性特色较为明显，很多寓言和典故都和求仙问道、佛性修炼有关。再加上此时人们对于两汉经学、谶纬之学的厌倦，思维重心开始从两汉宏阔的宇宙论转向深邃的个体认识，从而形成一个人的自我意识高度觉醒、自觉的时代，带来文文学批评、文学创作、艺术创作等门类的飞跃式发展，呈现出独到的人性魅力。二十四史中的《晋书》、《宋书》、《南齐书》、《梁书》、《陈书》、《南史》、《北史》、《魏书》、《北齐书》、《周书》等书，以及记述魏晋人物言谈轶事的笔记小说《世说新语》中都记载了大量个性分明、可读性很强的人物故事，如张华、陆机、陆云兄弟、萧统、顾恺之、王羲之父子、支道临、庾亮，等等。

这是一个儒、释、道思想多元并存、交融并进的状态，因而这个时期的寓言典故也呈现出多样性、丰富性，具有明显的时代文化烙印。

五

隋唐之后的中国历史与春秋战国、三国、南北朝时期常年征战不同，这一时期长江流域所发生的战争普遍历时很短。长期战争只有南宋时期与金、蒙古之间的拉锯战，所以这一时期与军事有关的寓言典故不多。

与军事成就相比，隋唐两宋时期更让人称道的是文化成就。唐宋的诗词成就达到了一个顶峰。“诗仙”李白、“诗史”杜甫、“小李杜”李商隐杜牧等诗人为我们留下了宝贵的财富。除了诗词，这一时期的散文成就也很高，“唐宋八大家”的散文成就不输于诗词。所以，这一时期长江流域的寓言典故很大一部分来源于诗词文章。例如“初唐四杰”之一王勃所作的《滕王阁序》，不仅有“落霞与孤鹜齐飞，秋水共长天一色”的千古名句，还有“物华天宝”、“人杰地灵”、“胜友如云”、“高朋满座”、“水天一色”等典故。诗人白居易被贬为江州（今江西九江）司马，第二年的秋天他来到浔阳江边送别即将远去的朋友，作《琵琶行》。仅此一首诗就为我们留下了“千呼万唤”、“珠盘玉落”、“司马青衫”、“此时无声胜有声”、“同是天涯沦落人，相逢何必曾相识”等语典。

自隋朝开始采用科举取士之后，隋唐两宋时期出现的名臣名士非常之多。例如唐宋两朝的宰相为大家所熟知的都比其他时期多，他们的人品、才干、文采都是出类拔萃的，例如唐有房玄龄、杜如晦、张九龄等；宋有王安石、范仲淹、欧阳修等。所以，与之前各个时期一样，这一时期长江流域寓言典故也有很大一部分是出自当时名人的言行的。

元代寓言曾一度消沉下去，到了明清两代，寓言又像枯木逢春一般，蓬勃发展起来。明王朝建立政权后，在文化上大兴文字狱，文化学术处于窒息压抑之中，不少作家运用寓言曲折隐晦地反映社会生活，抒发心中愤懑不平之气。比较著名的如宋濂、刘基、耿定向、冯梦龙、庄元臣等，浅显的小故事中常常闪耀着智慧的光芒。

元明清之后的典故数量大大减少了，这是因为典故是经过长期使用、锤炼而形成的固定短语，随着时间的发展，以前所产生的词语已经基本胜任“表达含义”这一功能。另一方面，明清两代的“文字狱”等高压政策也限制了人们的自由表达,文人学者更多的是对传统学术进行整理和总结，因此就没有太多的典故产生。

六

本书研究的对象是长江流域的寓言和典故，“长江流域”这个空间概念是本书的一大特色，也是本书从构设框架到条目选择，再到分析赏鉴，时刻都关注的核心。另外，寓言和典故两者还是有一定区别的，在不同的时期发展情况也不尽相同，这一点前文已有论述。但是两者在“故事性”上交集在一起，这正是本书写作的突破口。面对长江流域数量众多、丰富多彩的寓言典故，我们只能抓大放小，在结合实际、关照历史、突出内容、兼顾文化特点的原则下，把长江流域的寓言典故分为四个大的部分：人物、情感、事件、说理。因而，本书的结构也就紧扣这四个单元。

在人物单元，紧抓“人杰地灵”这一核心，牵出了该流域内众多的杰出人物，以突显他们君临天下的能力、俊逸不凡的气度和充满智慧的思想。在情感单元，则紧扣忠君爱国、思乡恋亲和仁厚慈惠这三条主线，以突显流域内充满正能量的感情因子。在事件单元，则撷取了历史兴亡故事，以凸显其中的原因；军事外交故事，以再现风云变幻；是非善恶故事，以呈现原型，启发思考。在说理单元，则主要选取本流域内唐代以后的寓言故事。这个时期典故的内容不太多，而中晚唐以后政治的腐败、黑暗的现实却为寓言开辟了一条光明大道。许多文人利用寓言形式自况身世、抨击时政或剖析人性，充分发挥寓言言有寄托、借此喻彼的特质。

长江流域的寓言和典故在地域上各领风骚，各具特性；在时间上前重后轻，极不平衡；在内涵上丰富全面，应有尽有。从人、情、事、理四个角度展开分析，可以较好地厘清其间的线索，规避时间、内容上的不均衡，对于篇章布局是一个比较合理的尝试。

本书中所选图片首先考虑的也是长江流域的地域性，集中呈现长江流域的人文历史积淀。如和楚庄王有关的故事，选择湖北省武汉市东湖风景区磨山景区的雕塑；“高山流水”选择的是武汉市古琴台的相关雕塑。有一些寓言典故涉及到长江流域特有的物产，比如柑橘、菱角等，选择高清晰度的图片辅助说明。还有一些寓言和典故涉及长江流域独特的民风民俗，如江南一带春天插秧的场景等。另外，根据寓言典故的内容，还选择了一些名家名作，尤其是徐悲鸿、齐白石两位大师的作品，他们本身都出生于长江流域，其画作中有一种不可言说的气韵，有较强的艺术感染力，对于阐明寓言典故的深意也有一定作用。总之，每一幅图片的选择，都和寓言典故的内容有关系，同时也突出长江流域的地域特色。

笔者在纲目设置、故事分类、图片收集等方面虽颇费心力，但仍不免有疏漏之处，未能尽善尽美。姑且把本书写作中的构思和思路做一简单说明，以便读者更好地理解、运用这部书，从中尽可能多的获得知识、信息、启发。

目录

同饮一水　人杰地灵

荆楚文化，源远流长，“惟楚有才自古胜”；巴蜀地区被赋予“天府之国”的美誉，诞生了大量文化名人和才俊之士；湖湘之地朴强节义、自强不息、勇敢创新；徽派文化广博深邃、醇厚务实；江西儒学研究盛行，书院教育昌盛；吴越之地繁荣、富庶、美丽，大学问家、大藏书家、大文豪、大科学家等聚集于此，其人文魅力让人回味无穷。

流经青海、西藏、四川、云南、重庆、湖北、湖南、江西、安徽、江苏、上海 11 个省、自治区、直辖市，延伸至贵州、甘肃、陕西、河南、广西、广东、浙江、福建 8 个省、自治区的部分地区。流域面积达 180 万 km2，约占中国陆地总面积的 1/5。

长江干流自西而东横贯中国中部。在这个广大区域内，长江恰如一条多情的纽带，把流域内不同民族、不同语言、不同风俗习惯、不同文化传统、不同文化心理的地方连结起来，使得不同地方的人们融会交流，他们同饮一江水、彼此无限情。

奄有四海 天下为君

寓言典故很多都取材于历史故事，在中国漫长的封建统治中，国君的形象无疑是历史故事中的重头戏。有些贤明君主虚怀若谷，善于采纳臣子的正确建议，以保证国家安宁，避免不必要的战争；有些君主厚积薄发，励精图治，一鸣惊人，建立千秋伟业，留名史册；有些君王杀鸡儆猴，善意规劝不识大体的臣子；有的君主公正无私，严格遵守国家法令，不徇私枉法，树立了守法楷模的光辉形象。与此相反，历史上也有不少千古遗臭的昏庸君主，楚王好细腰、周幽王烽火戏诸侯……这些短小精悍的寓言典故无疑是历史文化宝库中精心打磨的璀璨宝石，深入其中会获益匪浅。

「周文王雕塑」

商代中期，聚居在湖北荆山一带的楚族，成为殷商王朝的方国，但仍然没有摆脱受中原部族歧视的命运，商王朝不断向其进攻掠夺。到了商纣王时期，他骄奢淫逸，并对各诸侯、方国横征暴敛，以至于朝纲不振，民不聊生。居住在西岐山的西方诸侯之长姬昌（周文王）积极访聘高贤，招纳勇士，准备讨伐纣王，拯救苍生。各路诸侯闻讯，纷纷归附。

楚国国君鬻熊，精通文韬武略，有治国安邦之才。他虽已年高九十，仍然雄心勃勃，对特意来荆山拜访他的姬昌慷慨陈词，让文王刮目相看，被聘用为谋臣，尊为师长。后来他立了许多功劳，成为周王朝的开国功臣，同时也大大提高了楚国的声誉。

周成王时，周王室为赏赐开国功臣的后代而分封诸侯。当时分封的诸侯为公、侯、伯、子、男五等爵号，鬻熊的曾孙熊绎被封为第四等爵号，称为楚子。分封诸侯以后，周成王在岐阳（今陕西岐山县东北）盟会诸侯，楚子熊绎兴致勃勃地如期赴会。在举行盟会仪式之前，各诸侯被逐一请入席位。熊绎不见点到自己，心中着急起来。正在这时，有一个大臣过来对他说："请速同东夷鲜牟国君到会场上安放蓍草（滤酒祭神用的香草）、木牌（用以标明天子和诸侯席次），然后再去看守大庭前的火炬。"熊绎一听，以为是大臣找错了人，连忙解释。大臣没等他讲完就笑着说："今日侯伯以上方可入席，你小小楚子，又是蛮夷之族，何以入席？这是天子之命，不得违抗！"熊绎的肺都要气炸了，但在当时的场合，不敢发作，只得忍气吞声地服从。

楚国一班文武，算定熊绎的归期，一面组织队伍迎接，一面准备酒礼，准备为熊绎接风，并高兴地庆贺热闹一番，以扬国威。谁知熊绎回来后却垂头丧气，一言不发。过了半晌，才长叹一声，向文武大臣们讲述了周王室欺负他国小位卑，不给席位的情况。众人越听越气愤。熊绎见此情景，郑重地对文武大臣们讲了一番同心创业、奋发图强的道理，说得众人连连称是。于是，他带领楚人在自然条件很差的荆山开荒垦地。

《左传》中说楚人们是"筚路蓝缕，以启山林"，意思是说就地取材制成车子，穿着破旧衣服，去开发荒山野林，艰苦创业。

之后几代君王继承了这种精神，奋力开拓，终使"楚地千里"、"楚兵百万"，成就了"饮马黄河"、"问鼎中原"的霸业。楚国能跻身"春秋五霸"、"战国七雄"，靠的就是这种"筚路蓝缕"的创业精神。

楚庄王（？—公元前591年），又称荆庄王，出土的战国楚简文写作臧王，著名的春秋五霸之一。庄王之前，楚国一直被排除在中原文化之外，庄王自称霸中原，不仅使楚国强大，威名远扬，也为华夏的统一、民族精神的形成发挥了一定的作用。楚庄王在位23年（公元前613—前591），后世对其多给予较高评价，有关他的一些寓言典故，对后世有深远的影响。

楚庄王想要讨伐越国，庄子劝谏道："大王为什么要讨伐越国呢？"楚庄王说："因为越国政事混乱，军队衰弱。"庄子说："我深为此事担忧。智慧如同眼睛，能看到百步之外，却看不到自己的睫毛。大王的军队被秦、晋打败后，丧失土地数百里，说明楚国军队力量薄弱；庄蹻在境内做强盗，官吏无能为力，这说明楚国政事混乱。可见楚国兵弱政乱，并不比越国强，您却要讨伐越国。这样的智慧如同眼睛看不见眼睫毛一样。"楚庄王因此打消了伐越的念头。

从生卒年月来说，楚庄王和庄子不是同时期人，因此此处是假托庄子之名进行劝戒。楚庄王作为贤明的君主，他有善于纳谏的品质，在庄子的劝谏下，他明白眼睛无法看到上面的睫毛，就像人很难发现自己的缺点一样。很多人只能见远不能见近，常常睁大自己的眼睛来寻找别人的过失，知人不能知己，随意对别人批评指责，却无视自己的缺点和不足。在这个故事中，楚庄王虚心采纳意见，不一意孤行，从而避免了一场不必要的战争。

「湖北省武汉市东湖磨山楚庄王铜像」

楚庄王即位时很年轻，不问国事，不理朝政，只知贪图享乐，一天到晚都沉溺于酒色之中。为了使自己的玩乐不受干扰，他还不许那些正直的大臣进谏，下令说："有敢进谏者死无赦！"就这样，时间一晃，三年过去了，他毫无作为，国事一片混乱。有良知的大臣都急在心里，但谁也不敢进谏。

大夫伍举终于忍无可忍，准备冒死进谏。他来到王宫，只见楚庄王正左手抱着郑国美女，右手抱着越国美女，坐在乐队的钟鼓之间，与美人们一起欣赏着轻歌曼舞。见伍举进来，楚庄王很不高兴。伍举连忙说："大王，我没有什么大事，只是有个谜语我猜不出，想请教大王。"庄王一听猜谜，就来了兴致，说："什么谜语？说说看。"伍举一看庄王中了圈套，心中暗喜，就说："楚国山上有一只大鸟，三年之中，它不飞也不叫，人人猜不透，不知这是什么鸟？"楚庄王本来是个非常聪慧的人，他一听就听出了伍举话中的言外之意，心想，这根本就不是什么谜语，而是在讽刺我。但此时他也已经有所警醒，不再固执任性，沉思了片刻，就顺着伍举的话说道："这不是一只凡鸟。这只鸟虽然三年不飞，一旦飞翔就冲向天空；虽然三年不叫，一旦啼鸣就让世人惊叹。好了，你回去吧，我知道了。"

「湖北省武汉市东湖磨山楚庄王出行雕塑」

伍举以为楚庄王从此要悔改了，可是过了几个月，庄王依然我行我素，并不见悔改的动静。这时，大夫苏从也按捺不住了，也径直入宫进谏。楚庄王对苏从厉声发问道："难道你不知道我的命令吗？"苏从不慌不忙地说："臣不敢忘记大王的命令。但只要能让大王警醒，我死了也心甘情愿！"楚庄王这时终于警醒了，从此一改前非，振作起来。他任用伍举、苏从等忠臣贤才处理国政，严惩一大批佞臣贪官，使国势逐渐增强，他也终于成为威震四方的一代霸主。

周定王元年（公元前606年），实力雄厚、野心勃勃的楚庄王讨伐西北的陆浑之戎，领兵来到了洛水之滨。他在周天子脚下阅兵观阵，炫耀武力。当时周定王刚刚即位，势单力孤，颇为恐慌，就派大臣王孙满前去慰劳楚军，借以探察其虚实动向。王孙满来了后，楚庄王就借机向他询问周王朝九个大鼎的大小重量。

九鼎是周王朝王权的象征，非常神圣，臣子是不能随便乱问的。楚庄王明目张胆地打听九鼎，就意味着他要挑战周王朝的王权，想取而代之。楚庄王不曾料到，王孙满看出了他的企图，并对他教训了一番。王孙满劈头盖脸地对他说："拥有天下在于施行德政，而不在于拥有宝鼎！"接着，王孙满讲述了九鼎的来历，来证明他的观点。

九鼎的来历：夏禹施行德政，各地诸侯都将自己那里的奇异之物绘制成图，献给朝廷；九州的长官也将贵重金属收集起来，进贡朝廷。于是夏禹就让人用这些金属铸成九个大鼎，上面绘制各地奇异之物的图案，用来作为镇国之宝，护佑百姓。

后来，夏桀暴虐，九鼎就转到了商朝；商纣无道，九鼎又转到了周朝。王孙满接着说："君主保持美德的时候，鼎小也是很重的；君主缺失美德的时候，鼎大也是很轻的。况且周成王定鼎立国的时候，曾经占卜过，结果是可以传位三十代、历经七百年。现在周室的力量和德行虽然衰落了，但天命没有改变，上天还会保佑它的。所以，九鼎的轻重您还是不能问的啊。"听了这番话，野心勃勃的楚庄王像被当头棒喝，又像心头被泼了一盆凉水，顿时松懈大半，暂时不再对周室心存幻想。

楚庄王时期，晋楚两国在中原交战，楚国大败晋军，杀得晋军尸横遍野。大战结束后，楚大夫潘党向楚庄王建议，把晋军尸体堆积起来，筑成一座高大的"京观（即骷髅台）"，作为楚国对外战争胜利的纪念物，借以向子孙后代展示先人武功，并对诸侯产生威慑。庄王并不同意这种做法，他说："寡人从事战争并不是为了炫耀武功，而是为了制止武力，给百姓创造一个安定的生存环境。从文字构造的角度讲，这个'武'字是由'止'和'戈'两部分组成的，'止戈'为'武'，就是说平息战争、制止战争才是武功。真正的武功要具备七种德行：制止战争、消除强暴、巩固基业、保持强大、安定百姓、团结民众、增加财富，可是我一种都没有，拿什么向后人炫耀呢。晋国的士兵是为了执行国君的命令才战死的，他们自己也没有什么错，怎么能用他们的尸体做京观呢？"楚庄王命令楚军在黄河边祭祀了河神，修建了一座祖庙，然后就率领军队班师回国了。

除了楚庄王之外，历史上还有一些贤明的君王，但是未指明是哪位君王。如"法不避亲"讲到这样一个故事：一次，楚王因有急事召见太子，但楚国有条法律，规定车子不得到达王宫的茆门。由于下雨，庭院中有积水，太子赶着马车，一直冲到了茆门。有个守卫对他说："车子不允许到这里，这样做是违法的！”太子傲慢地说：“楚王召见我有急事，车子不允许到这里，那须庭院中没有积水才行。”说着就直冲而入。那个守卫人员毫不退让，举起兵器就打他的马，还砸坏了他的车子。太子入宫，哭着对楚王说：“庭院中有很多积水，我就把车子赶到了茆门。有个守卫竟说是违法的，举起手中兵器打了我的马，还砸坏了我的车子。他太无礼了，请父王一定要杀掉他！”楚王摇摇头说：“不，他对待老主，从不逾越法规，对太子也不随意顺从依附，他严格地执行法令，是我守法的好臣子啊！”于是，下令嘉奖那个守卫，连提两级。并打开后门，让太子出宫，不再从前门经过。

「廌」

“法”是个会意字，从“水”，表示法律、法度公平如水；从“廌”(zhì)，即解廌，这是神话传说中的一种神兽，据说它能辨别曲直，在审理案件时，它能用角去触理屈的人。

《说文解字·廌部》云：“灋，刑也；平之如水，从水；廌所以触不直者去之，从去。法，今文省。”又说：“廌，解廌兽也，似山牛，一角；古者决狱，令触不直；象形，从豸省。”相传黄帝曾用这一能明辨是非曲直的神兽来决断疑狱。楚王公正执法，能公正看待守卫的举动，并惩治太子的无礼，真正体现了法的本意——公平如水。法律是为整个国家服务的，我们不能因人废法，处理事情的时候一定要一碗水端平，不能徇私枉法，有所偏颇，这样才能维护公平正义。法律不是可有可无的摆设，它是维护社会安定和秩序的坚固防线，制定了就必须刚正不阿地严格执行，万万不能随着

「湖北荆州熊家冢车马坑发掘现场」

人的主观意志变来变去，这对我们构建法制社会意义重大。

再比如“杀一儆百”。有一天，吴王带着随从乘船在江上游玩，看见猴山风景秀丽，于是令随从在猴山脚下的江边泊船，带领他们下船登山。山上的猴子们歪歪斜斜抓耳挠腮，看见他们上来，吓得惊慌失措四下逃走，躲进荆棘深处不敢出来。但有一只猴子却与众不同，它歪歪斜斜抓耳挠腮，在吴王面前显示灵巧。吴王看见这种情景就拉开弓，用箭射它，可这只猴子并不害怕，它敏捷地将吴王射过来的箭都接住了。吴王有些气恼，便命令侍从过去射它，于是猴子立刻被射中死了。吴王回头对他的大臣颜不疑说：“这个猴子，倚仗自己的灵巧，傲视孤王，以至于就这样丢掉了自己的性命，你们要引以为戒啊！”

吴王杀猴骇臣，收到了“杀一儆百”的效果。他借以告诫那些喜欢耍小聪明、恃才傲物的臣子要注意自己的言行，要懂得收敛自己的锋芒。在不适当的场所和不恰当的时间出风头都是一种惹祸上身的愚蠢行为，“好钢要用在刀刃上”，有才能要通过正确的方式扬己露才。吴王用这种方式教育臣子，让某些大臣引以为戒，给他们一个反思和改正错误的机会。既显示了自己作为君王的威严，又给了群臣一个很好的台阶，这也是吴王的智慧之处。

以上都是贤明有德的君主，历史上也有一些昏庸无法的君主。

如楚灵王。楚灵王初名围，即王位后改名虔，公元前540年至公元前529年在位。楚恭王的儿子，是楚康王的弟弟，杀了侄儿楚郏敖自立。有一次齐国晏婴来访，要他钻门洞进来，晏子笑嘻嘻地说：“反正出使到狗国，就应该从狗洞进去嘛！”另外，“橘逾淮为枳”也是两人斗智的故事。楚灵王穷奢极欲，曾造章华宫，又称细腰宫，他喜欢朝中的臣子都有个细腰身。为了赢得楚灵王的宠爱，朝中人都节制自己，一天只吃一顿饭，还要深深地吸气后才束紧腰带。这样，他们只能扶着墙才能站起来。等到一年之后，楚国的满朝官员个个脸色枯槁黑瘦。公元前529年，楚国人民推翻了他的统治，灵王逃亡，随从相继离去，最后吊死郊外。他即位的时候，是楚国与晋国平分霸权的时候；但是当他临死的时候，却没有立足之地。

齐桓公好紫服与楚王好细腰这个寓言颇为相似，但是结果却大不相同。齐桓公喜欢穿紫色的衣服，于是全国上下都穿起紫色衣服来了。在当时，五匹本色丝绸抵不到一匹紫色的丝绸。齐桓公对此感到忧虑，便对管仲说：“我喜欢穿紫色衣服，紫色衣服特别昂贵，全国老百姓都喜欢穿紫色的衣服没个完，我该怎么办呢？”管仲回答说：“国君您想制止这种风气，为什么不试一下不穿紫色衣服呢？要是这时候正好有穿紫色衣服的人来拜见您，您一定要说：‘稍微退后一点，我讨厌紫色衣服的气味。’”齐桓公说：“好吧。”这样一来，当天宫中的侍卫近臣就没有人穿紫色衣服了；第二天，整个都城都没有人穿紫色衣服了；第三天，齐国境内都没有人穿紫色衣服了。齐桓公明白“上有所好，下必甚焉”的道理，虚心听从管仲的建议，谨慎地对待自己的一言一行，充分考虑到了自己的言行可能带来的社会影响，避免了自己的言行可能带来的不良后果。

「楚灵王贪恋细腰宫」

楚灵王暴虐无道，白公子张多次劝谏他。灵王很厌恶，问史老说：“我想制止子张的劝谏，怎么样？”史老说：“接受劝谏很难，制止很容易。如果他再劝谏，您就说我左手掌握着鬼身，右手掌握着鬼的居处，各种告诫劝谏，我全听到了，哪里还需要听别的劝告？”白公又来劝谏时，灵王就按史老讲的说了。白公回答说：“以前殷王武丁敬德慎行，和神明相通，先迁到河地，又迁到亳地，三年沉默不语，思考治国的道理。大臣们很担忧，武丁就写了一句话：‘要我治理四方，我恐怕德行不好，所以才不讲话。’然后，又派人根据梦中的形象到处寻访贤人，得到了傅说，任命为上公，让他早晚规谏，说：‘如果我是兵器，就把你当作磨刀石；如果我要渡河，就把你当船；如果我是干旱的土地，就把你当作连绵的雨滴。敞开你的心扉，滋润我的心田。如果药力不足以使人头晕目眩，那病就不会治愈；如果赤脚走路不看地面，脚就要受伤。’

现在您也许还赶不上武丁，却讨厌规谏您的人，要治理好国家不是太难了吗！”

楚灵王沉默不语。白公又说：“齐桓公和晋文公，都不是嗣子，他们流亡诸侯各国，不敢骄奢淫逸，接纳有德的言论，依靠修养德行做了国君。远近臣僚的劝谏、批评，众人的议论，他们都能用来告诫自己。所以他们一直到今天还被称为贤君。齐桓公、晋文公都是如此，您不担忧赶不上他们，却想贪图安逸，恐怕不行吧？《周诗》上有这样的话：‘不亲自处理政事，百姓就不会信任。’我怕百姓不信任您，因此不敢不说。否则，我何必急着进谏因而获罪呢？”灵王担忧起来，说：“你再说下去吧。我即使不能照着做，也愿意把这些话放进耳朵里。”白公知道灵王不会采纳，就讽刺地回答说：“承蒙您用我的话塞耳朵，所以我才说。不然，巴浦地方的犀角、象牙做塞耳的玉瑱，多得用不完，还用得着用规谏之言来做塞耳的瑱吗？”说完便快步退下，回到家中，闭门不出。过了七个月，就发生了乾溪之乱，灵王死在这场叛乱之中。

又如周幽王。周幽王是周宣王（姬静，周朝第十一位王）的儿子，西周末代君主。他继位后，自然灾害严重，泾、渭、洛“三川皆震”。他贪婪腐败，不问政事，重用为人佞巧、善谀好利的虢石父，引起国人强烈不满。褒姒原是一名弃婴，被一对做小买卖的夫妻收养，在褒国（今陕西省汉中西北）长大，公元前779年（周幽王三年），周幽王征伐褒国，褒人献出美女褒姒乞降，幽王爱如掌上明珠，立为妃，宠冠周王宫。翌年，褒姒生子伯服（一作伯般），幽王对她更加宠爱，竟废去王后申氏和太子宜臼，册立褒姒为王后、伯服为太子，周太史伯阳叹气道：“周王室已面临大祸，这是不可避免的了。”周朝定都丰镐，接近西戎人。于是周王就与诸侯约定：在官道上修建碉堡，在碉堡上边摆放战鼓，当鼓敲响的时候远近都能听到，假如戎人来到丰镐，击鼓互相告知，诸侯的兵马都来救天子。戎寇曾经侵入，幽王击鼓传递消息，诸侯的兵马都来了。人声和马的嘶鸣声鼎沸，褒姒非常高兴。幽王想让褒姒笑起来，于是多次击鼓，诸侯的兵马几次来到而没有见到戎寇。到了后来，戎寇真的到了，幽王击了鼓，可

「周幽王烽火戏诸侯」

是再没有诸侯的兵马到来，幽王死在骊山之下。昏庸的幽王违背约定，击鼓戏诸侯，只为博得褒姒一笑，他置国家安全于不顾，把权力变成一种娱乐，没有限度地胡乱开玩笑，亵渎了君王的庄严和神圣，最终使自己失信于诸侯，连累自己的国家不得善终，自己也从此被后人耻笑。

高人雅士 俊逸不凡

长江流域人杰地灵，在漫长的历史长河中涌现出一批批可歌可泣的高人雅士，他们有的品行高洁、一身正气；有的勤奋好学、志存高远；有的风格独特、自成一体；还有一些沉鱼落雁、才气横溢的奇女子，更有一些佛道中人、超凡脱俗……他们身上凝聚的或是中国传统道德的精髓，或是古代仁人志士一生所求的情操气节，或是让人艳羡的美貌才情。他们为长江流域的人文风貌增添风采，也进一步加深了长江流域的人文底蕴。

惠子和庄子是一对好友，也是一对辩论对手，他们之间经常为某个哲学问题争论得不可开交。后来，惠子死了，庄子去送葬，非常悲伤。在惠子的坟前祭奠时，庄子回过头，对跟随的弟子们说了一个故事：楚国郢都有个人在粉刷墙壁的时候，不小心让白灰点溅到了鼻尖上，像苍蝇翅膀那样薄。这个小白灰点，本来可以用手轻轻擦掉，他却对周围的人说，他可以让他的一个做石匠的朋友用斧子砍掉。他的石匠朋友来了后，看了看他鼻尖上的那个小白点，也爽快地答应了。这个粉墙的人站定，只见他的朋友抡起斧子，迅猛地朝那个小白点砍了过去，斧子飞舞时还带出了“嗖”的一阵风。周围看热闹的人都吓出了一身冷汗，纷纷向后退去，有的还惊叫了起来。可是那个粉墙的人仍然镇静地站着，面不改色，神态自若。斧子从他的鼻尖上砍削过去，一下子就把那个小白灰点砍掉了，而他的鼻子却毫发未损，安然无恙。人们都大为惊叹。宋国的国君听说了这件事，对那个石匠的技艺也非常感兴趣，却半信半疑，就把石匠召去，对他说：“请试试为我表演一下吧。”那个石匠摇摇头说：“小人确实曾经能够砍掉鼻端白粉，不过，现在不行了，我施技的搭档已经死去很久了，自从那个配手死去之后，我再也找不到可以让我施技的人了，也没有能够与我谈话的人了！”庄子讲完这个故事，把话题又转回到惠子身上，伤心地说：“自从惠先生死后，我也没有能和我配合的对手了！再也没有能和我论辩的人了！”

石灰薄如蝇翼，石匠运斤成风，轻而易举地就把郢人鼻尖上的石灰削掉，充分说明了石匠卓越高超的本领，挥斧之功，莫过于此。然而事物都是相互依存的，如若不是郢人的充分信任，以诚相托，石匠的高超技艺也无从发挥，“知音”不在，如何令他产生挥斧的信心？

「郢人运斤成风」

“医竘立与张仪”和这个寓言十分相似：有个名字叫竘的医生，是秦国著名的良医。他为秦宣王割了痤疮，又为秦惠王治好了痔疮。丞相张仪背上肿了，叫竘来替他治疗。张仪对竘说：“这背不要再当作我的背，听凭你去处理吧。”医竘又很快把张仪的背治好了。

治国与治疗身体一样，必须信任他人，让别人放手去干，才能治理好。当我们委他人以重任的时候，交出去的不仅仅是任务，还有我们对委托者无条件的信任。如果总是对任用者不断地猜疑，妄加干涉，国家的治理便无从下手了。这也是用人者必须谨记的治国信条。总的来说便是：疑人不用，用人不疑。

说到“知音”的故事，人们很容易就会想到“高山流水觅知音”，这个故事在民间广为流传：伯牙从小就酷热爱音乐，他的老师成连曾带着他到东海的蓬莱山，领略大自然的壮美神奇，使他从中悟出了音乐的真谛。他弹起琴来，琴声优美动听，犹如高山流水一般。虽然有许多人赞美他的琴艺，但他却认为一直没有遇到真正能听懂他琴声的人。他一直在寻觅自己的知音。

有一年，伯牙奉晋王之命出使楚国。八月十五那天，他乘船来到了汉阳江口。遇风浪，停泊在一座小山下。晚上，风浪渐渐平息了下来，云开月出，景色十分迷人。望着空中的一轮明月，伯牙琴兴大发，拿出随身带来的琴，专心致志地弹了起来。他弹了一曲又一曲，正当他完全沉醉在优美的琴声之中的时候，猛然看到一个人在岸边一动不动地站着。伯牙吃了一惊，手下用力，“啪”的一声，琴弦被拨断了一根。伯牙正在猜测岸边的人为何而来，就听到那个人大声地对他说：“先生，您不要疑心，我是个打柴的，回家晚了，走到这里听到您在弹琴，觉得琴声绝妙，不由得站在这里听了起来。”伯牙借着月光仔细一看，那个人身旁放着一担干柴，果然是个打柴的人。伯牙心想：一个打柴的樵夫，怎么会听懂我的琴呢？于是他就问：“你既然懂得琴声，那就请你说说看，我弹的是一首什么曲子？”听了伯牙的问话，那打柴的人笑着回答：“先生，您刚才弹的是孔子赞叹弟子颜回的曲谱，只可惜，您弹到第四句的时候，琴弦断了。”

「武汉古琴台伯牙抚琴塑像」

打柴人的回答一点不错，伯牙不禁大喜，忙邀请他上船来细谈。那打柴人看到伯牙弹的琴，便说：“这是瑶琴！相传是伏羲氏造的。”接着他又把这瑶琴的来历说了出来。听了打柴人的这番讲述，伯牙心中不由得暗暗佩服。接着伯牙又为打柴人弹了几曲，请他辨识其中之意。当他弹奏的琴声雄壮高亢的时候，打柴人说：“这琴声，表达了高山的雄伟气势。”当琴声变得清新流畅时，打柴人又说：“这后弹的琴声，表达的是无尽的流水。”

伯牙听了不禁惊喜万分，自己用琴声表达的心意，过去没人能听得懂，而眼前这个樵夫，竟然听得明明白白。没想到，在这野岭之下，竟遇到自己久久寻觅不到的知音。他问明打柴人名叫钟子期，和他喝起酒来。俩人越谈越投机，相见恨晚，结拜为兄弟。约定来年的中秋再到这里相会。

和钟子期洒泪而别后第二年中秋，伯牙如约来到了汉阳江口，可是他等啊等啊，怎么也不见钟子期来赴约，于是他便弹起琴来召唤这位知音，可是又过了好久，还是不见人来。第二天，伯牙向一位老人打听钟子期的下落，老人告诉他，钟子期已不幸染病去世了。临终前，他留下遗言，要把坟墓修在江边，到八月十五相会时，好听伯牙的琴声。

「武汉古琴台伯牙与钟子期雕像」

听了老人的话，伯牙万分悲痛，他来到钟子期的坟前，凄楚地弹起了古曲《高山流水》。弹罢，他挑断了琴弦，长叹了一声，把心爱的瑶琴在青石上摔了个粉碎。他悲伤地说："我唯一的知音已不在人世了，这琴还弹给谁听呢？"

两位"知音"的友谊感动了后人，人们在他们相遇的地方筑起了一座琴台。直至今天，人们还常用"知音"来形容朋友之间的情谊。

说到伯牙，"游鱼出听，六马仰秣"这个故事也与他有关。相传伯牙和瓠巴一个会弹琴，一个会鼓瑟，技艺都十分高超。瓠巴鼓瑟的时候，因为瑟声动听，池中的鱼儿都纷纷浮出水面来倾听；伯牙弹琴时，因为琴声美妙，旁边的马儿都停止吃草而仰头倾听。

除了这些音乐家，长江流域还涌现出很多影响深远的画家、书法家、文学家、史学家、政治家等。他们都博雅好学、才华卓越，有一些重要的作品传世，为长江流域乃至整个中华民族的文化添色加彩。

张僧繇，梁武帝（萧衍）时期的著名画家，南朝梁吴兴（今浙江湖州）人。在南朝齐梁时期，朝野上下喜爱宗教，一度达到痴迷的地步。好佛的梁武帝，凡装饰佛寺，多命张僧繇画壁，所画佛像自成样式，被称作"张家样"。有一次，他应邀在金陵（现在南京）安乐寺的墙壁上画了四条巨龙，那龙画得活灵活现，非常逼真，只是都没有眼睛。人们问张僧繇："为什么不把眼睛画出来？"他说："眼睛可不能轻易画呀！一画了，龙就会腾空飞走的！"大家听了，谁也不信，都认为他在说大话。后来，经不住人们一再请求，张僧繇只好答应把龙的眼睛画出来。奇怪的事情果然发生了，他刚刚点出其中一条龙的眼睛，突然刮起了大风，顷刻间电闪雷鸣，巨龙转动着光芒四射的眼睛冲天而起，腾空而去，而另外几条未点睛的龙则依然留在壁画中。围观的人个个看得目瞪口呆，对张僧繇更佩服了。

怀素（公元725—785年），字藏真，俗姓钱，僧名怀素，永州零陵（湖南零陵）人。幼年好佛，出家为僧。善书法，尤长草书，是书法史上领一代风骚的草书家，他的草书称为“狂草”，用笔圆劲有力，奔放流畅，与唐代另一草书家张旭齐名，人称“张颠素狂”或“颠张醉素”。

怀素因为勤于练习书法，需用大量的纸张，但买纸困难，因而就在房子前面种了几棵芭蕉，平时练字时就取芭蕉叶代替纸张，用来练习书法。后人因为他所住僧庵内外芭蕉成林，绿荫如云，故将其称为“绿天庵”。怀素嗜酒，一日九醉，人称醉僧，自言：“饮酒以养性，草书以畅志。”

怀素经常趁着酒兴写字，即便是寺壁里墙、衣裳器皿，也都用来书写，以供挥洒。书不足兴，乃自制漆盘漆板，随写随擦，日久漆板为之磨穿。时间长了，不少毛笔也被他写秃了，于是就把秃笔堆埋于山下，号曰“笔冢”。

北宋画家、梓州梓潼郡永泰县（今属四川绵阳）人文同（公元1018—1079），字与可，画的竹子远近闻名，每天总有不少人登门求画。他画竹的妙诀何在？原来，文同在自己家的房前屋后种上各种各样的竹子，无论春夏秋冬，阴晴风雨，他经常去竹林观察竹子的生长变化情况，琢磨竹枝的长短粗细，叶子的形态、颜色，每当有新的感受就回到书房，铺纸研墨，把心中的印象画在纸上。日积月累，竹子在不同季节、不同天气、不同时辰的形象都深深地印在他的心中，只要凝神提笔，在画纸前一站，平日观察到的各种形态的竹子立刻浮现在眼前。所以每次画竹，他都显得非常从容自信，画出的竹子无不逼真传神。当人们夸奖他的画时，他总是谦虚地说：“我只是把心中琢磨成熟的竹子画下来罢了。”有位青年想学画竹，得知诗人晁补之对文同的画很有研究，前往求教。晁补之写了一首诗送给他，其中有两句：“与可画竹，胸中有成竹。”

这些艺术家有着对艺术的痴迷，在生活中也出现一些趣谈。如北宋书画家米芾（公元1051—1107年），字符章，人称米南宫、米颠。世居太原，后迁襄阳（今湖北襄阳），后定居丹徒（今江苏镇江）。曾官礼部员外郎，出知淮阳军。能诗文，尤精于书法，所画山水人物自成一家，又精于鉴赏判定古文物。他从不与人共用洗脸器具，举止也不合礼法，极为奇特，常被人传笑。一次，无为州（今安徽无为县）有一块大石头，形状难看，他见了却十分高兴，说："这块石头足以受我膜拜。"于是，便整理衣冠，恭敬地面石而拜，称其为兄长。

顾恺之，字长康，晋陵无锡人。他多才多艺，诗赋、书法皆精，但特别擅长的是绘画，是当时著名画家。"渐入佳境"说的是顾恺之年轻时的一段趣事。他曾被桓温提拔为大司马参军，跟随桓温南征北战许多年，两人交谊深厚。有一次，顾恺之跟随桓温到江陵去视察。江陵的官员来拜见桓温，并送来当地的特产甘蔗。桓温高兴地说："这里的甘蔗十分有名，大家一起来尝尝。"于是，他的部下就每人拿了一根吃了起来，只有顾恺之一人在出神地欣赏着江陵的美景。桓温见了，挑了一根，并把甘蔗末梢送到顾恺之手中。顾恺之没有在意，拿着甘蔗末梢啃了起来。桓温见了，笑问："这根甘蔗甜吗？"旁边的人也一起嬉笑着说："甘蔗甜极了，不知顾参军吃的甘蔗甜不甜？"顾恺之这才明白他们为什么嬉笑。他灵机一动，举起甘蔗说："我看你们不懂甘蔗的吃法，你们一开始就吃最甜的那一段，越吃越不甜，吃到后来，就倒胃口了。而我从梢部吃起，越吃越甜，越吃越有味道，这种吃法叫'渐入佳境'。"

西汉时，楚国有个叫孙敬的书生，字文宝，读书、学习非常勤奋、刻苦，每天从早到晚，从不停息。这还不够，为了防止疲倦时打瞌睡，他把自己的头发用长绳子系住，紧紧地栓到屋梁上，当自己打瞌睡低头时，绳子就会牵拉头发，把自己惊醒。孙敬如此苦学，收效显著，多年以后，终于成为一名知识渊博的大儒。另外，战国时期纵横家苏秦曾十次游说秦王均未成功，资用缺乏后回家发奋读书。每至昏昏欲睡时，就用锥子刺股（大腿）打掉瞌睡，迫使自己继续学习。后人将孙敬和苏秦苦学的故事，合称为"悬梁刺股"。

祢衡，字正平，平原般县（今山东临邑德平镇）人。少有才辩，性格刚毅傲慢，好侮慢权贵。孔融推荐给汉献帝，并作《荐祢衡表》称道其才能，说他：

"淑质贞亮，英才卓跞。初涉艺文，升堂睹奥。目所一见，辄诵之口；耳所瞥闻，不忘于心。性与道合，思若有神。弘羊潜计，安世默识。以衡准之，诚不足怪。"

由此可见，祢衡是个不可多得的奇才，孔融建议汉献帝“帝室皇居，必蓄非常之宝。若衡等辈，不可多得。”（《三国演义》）汉献帝接到奏表阅览后，又把荐书交给了曹操。曹操召见了祢衡，但不加礼遇，祢衡反唇相讥，并将其门下人才一一批斥。曹操恼羞成怒，就让祢衡充当鼓吏，以此来羞辱他。祢衡在宴会上裸衣击鼓，尽情泄愤，当众痛骂曹操，这就是著名的“击鼓骂曹”。曹操不愿背负杀戮贤士之名，就把祢衡遣送与荆州牧刘表。

刘表及荆州人士早闻祢衡的大名，钦佩他的才学，把祢衡奉为上宾。让他掌管文书，“文章言议，非衡不定”。但祢衡无礼放肆的个性令刘表难以容忍，于是就把祢衡打发到江夏太守黄祖那里去了。

祢衡初到江夏，黄祖对他也很优待，也让他做秘书，负责文件起草。凡经他起草的文稿，“轻重疏密，各得体宜”，甚得黄祖爱赏。

黄祖的长子、章陵太守黄射和祢衡很要好。一次，黄射大宴宾客，祢衡也列席参加。宴会上，有人献了一只鹦鹉，黄射端着酒杯来到祢衡的面前说：“祢处士，今日无用娱宾，窃以此鸟自远而至，明慧聪善，羽族之可贵，愿先生为之赋，使四座咸共荣观，不宜可乎？”祢衡寻思片刻，提笔在手，“笔不停辍，文不加点”，一挥而就。

祢衡的《鹦鹉赋》是中国文学史上一篇著名的托物言志之作。赋中描写具有“奇姿”、“殊智”的鹦鹉，却不幸被“闭以雕笼，剪其翅羽”，失去自由，过着“顺笼槛以俯仰，窥户牖以踟躇。想昆仑之高岳，思邓林之扶疏。顾六翮之残毁，虽奋迅其焉如”的不自由生活。祢衡显然是以鹦鹉自况，抒写才智之士生于乱世的郁闷心情，反映出作者对东汉末年政治黑暗的强烈不满。此赋也为一切生不逢时的仁人志士谱写了一曲悲歌。祢衡后因冒犯黄祖而被杀，时年仅二十六岁。《三国演义》中说，刘表听说祢衡死了，亦嗟呀不已，令葬于鹦鹉洲边。后人有诗叹曰：

黄祖才非长者俦，祢衡珠碎此江头。

今来鹦鹉洲边过，惟有无情碧水流。

温庭筠（约公元812—866年），本名岐，字飞卿，太原祁（今山西祁县东南）人，唐代文学家。富有天才，文思敏捷，然恃才傲物，又好触犯权贵，因而取憎于时，屡试不第，终生不得志，官终国子助教。

在诗歌方面，温庭筠与李商隐齐名，当时人称他们为“温李”。在词史上，与韦庄齐名，并称“温韦”，艺术成就在晚唐诸词人之上，为“花间派”首要词人，对词的发展影响较大。

他的一生绝大部分时间在外地度过，早年以词赋知名，然屡试不第，客游江淮间。唐宣宗时，他代人作赋，因扰乱科场，贬为隋县尉。后至襄阳刺史署为巡官，授检校员外郎，不久离开襄阳，客于江陵。他才思敏捷，每次考试作赋，他将双手交叉八次便能写出八韵的诗歌来，因而有“温八叉”的外号。又因为他考试时能够帮助邻近的考生作弊，被别人称为“救数人”。

在纷纭复杂的历史环境中，也有一些高人雅士隐居山林、远离尘嚣，但他们目光深远，睿智超群，见解过人，他们也成为长江流域的历史长河中可圈可点的风云人物。

东汉徐稚，字孺子，是豫章一个著名的隐士，他躬耕田亩，自食其力，品行高洁，言行遵守礼义规范，为众人景仰，公府多次征辟他做官，他都推辞不去。陈蕃性情刚直，为官清正，礼贤下士。他做尚书时因直言触怒权贵，被贬为豫章太守。到了豫章郡，陈蕃还没有进府衙，就打听名士徐稚的住处，要去拜访。主簿提醒他说：“大家希望您先到官署啊。”他说：“当年周武王在车上一看到贤者商容的住所，就起身致敬，连坐席都没时间焐热。现在我想拜访贤士，有何不可呢？”陈蕃上任后，按照礼节规范请徐稚到郡衙做功曹，徐稚碍于情面就去谒见了陈蕃，但见面之后还是离开了，没有就任。虽然徐稚拒绝了陈蕃的征辟，不愿来郡衙做官，但陈蕃还是一如既往地仰慕、尊敬徐稚，常常邀请他到郡衙做客畅谈。陈蕃平时本来不在郡衙接见宾客，所以郡衙里没有设置坐具。于是，陈蕃就命人在郡衙里专门为徐稚特设一个坐塌，平时悬挂不动，只有在徐稚来访时才专门放下。后来，人们就用“陈蕃下榻”来比喻官员的礼贤下士、对人才的尊重爱护。

东汉末年，襄阳有个隐士，姓庞，人称庞公。他住在岘山之南，自劳自食，从来不进城市，更不进官府，夫妻之间相敬如宾。荆州刺史刘表闻其大名，多次亲自去请他做官。刘表了解他倔强的脾气，知道不能硬逼，每次去请，总是耐心地等候着。有一次，庞公全家正在耕耘土地，刘表来到庞公身边，问：“保全一身与保全天下，哪个更重要？”庞公笑着答道：

“鸿鹄在高林之上筑巢，夜晚就有栖身之所；鼋鼍在深渊之下挖穴，夜晚就有栖身之地。作息行止，就是人的栖身方式。人们各有自己的栖身之所，并不是依靠天下来保全自己。”

刘表见这个问题不能说服他，就又指着庞公耕耘的几亩土地问：“先生苦居田亩，收获甚微，而固执己见，不肯享受官禄，将来拿什么留给子孙后代呢？”庞公回答说：

“世人大都追名逐利，把危险留给了子孙；而只有我淡泊名利，可以把平安留给子孙。虽然我遗留的东西与别人的有所不同，却不能说我对子孙没有遗留。”

刘表见庞公如此固执，不听“规劝”，只好叹息而去。庞公见汉室衰微，时政无常，担心将来天下大乱，于是后来就带领全家登上鹿门山，以采药为生，此后再也没有返回家乡。

东汉末年，天下大乱，军阀混战。年幼的诸葛亮在父殁后只得依靠叔父诸葛玄生活。十六岁那年叔父也去世，于是他在隆中（今湖北襄阳市襄城区西）置点田产，造屋几间，一面耕种，一面读书。他天资聪慧，勤奋好学，隐居隆中十年期间，他读了大量经史和诸子百家的著作，获得了丰富的政治、军事、历史等方面的知识。他又注意研究当时的政治形势，逐步形成了一套独立的政治见解。他时常把自己比作春秋战国时期著名的政治家军事家管仲、乐毅，并和博陵崔州平、颍川徐庶等探讨学问，关注时事，被襄阳名士司马徽誉之为“卧龙”。

当时，刘备正依附荆州牧刘表，他觉得要成就大事，必须有谋士的辅佐。后来，他去拜访在襄阳颇有名声的水镜先生司马徽。司马徽说：“儒生俗士，岂识时务？识时务者，在乎俊杰。”（《三国志·蜀书·诸葛亮传》，裴松之注引晋习凿齿《襄阳记》）这位司马先生的意思是说：平庸的书生和凡夫俗子，怎么能认清天下大势？能认清天下大势的人，那才是杰出人物。于是向刘备推荐了诸葛亮和庞统。不久，为刘备效力的徐庶被曹操所迫而离开，临行时也向刘备举荐了诸葛亮。于是，刘备三顾茅庐，请诸葛亮出山助他重振汉室。

后来，刘备在诸葛亮的辅佐之下，南征北战，建立了蜀汉政权，取得了与东吴、曹魏鼎足而立的地位。实践证明，诸葛亮确实是一位认清时代潮流、有杰出才能的人物。

在长江流域的人物谱志中，那些叱咤风云、建功立业的英雄男儿们名垂青史，还有一些美貌绝伦、风姿绰约的女子也十分引人注目。

春秋末期，在越国诸暨的苎萝村出了一个美丽动人的浣纱姑娘，叫施夷光，因为苎萝村分东、西二村，她住在西村，所以人们称之为西施。西施出身于农家，父亲是砍柴卖柴的农夫，母亲是纺纱浣纱的农妇。西施小时候就聪明伶俐，跟着母亲学会了浣纱，帮助母亲分担家务。她从小天生丽质，随着年龄的增长，出落得越发美丽，谁见了都会惊叹。

苎萝村旁有一条清澈的小溪，西施母女俩经常到溪边浣纱，后人称这条小溪为浣溪。相传，每当西施在溪边浣纱时，清澈的溪水就映照着她美丽的面容和窈窕的身影。这时，水中的鱼儿只要看见她的倒影，都会十分迷恋，一时竟然忘记游动，纷纷沉到河底。消息传出，西施便有了“沉鱼”的美称。

越国被吴国打败吞并后，越王勾践为了复国雪耻，下令选召两个美女进献吴王夫差，以迷惑其心。西施和另一个姑娘郑旦被官府选中，送往吴王宫中。果然，西施以无与伦比的美丽，一下子就倾倒了夫差，使他整日沉溺酒色，无心国事。在吴国国政混乱、国力逐渐衰退的同时，越国趁此励精图治，逐渐崛起，十年之后，终于寻机灭了吴国。西施为越国的复兴作出了牺牲，也作出了贡献。民间传说，灭吴之后，西施跟随她的情人大臣范蠡乘船渡海，远走高飞了。

西汉元帝时期，南郡秭归宝坪村（今湖北宜昌兴山县昭君村）出了个俊美的姑娘，叫王昭君，名嫱。她天生丽质，美丽异常，远近无人能比；而且聪颖异常，琴棋书画样样精通，尤其善弹琵琶。昭君才貌双全的美名顺着家乡的香溪水传遍了南郡。

就在她十六岁那年，元帝下诏全国，选供秀女。昭君被定为南郡秀女之首，送往京城，进入元帝的后宫。后宫佳丽云集，争妍斗艳，都竞相向皇帝献媚取宠，而皇帝只能依据画像选取。传说昭君性格刚直，并自恃貌美，不向画师毛延寿行贿，毛延寿就在她的画像的脸上点上一颗伤夫落泪痣，结果被丑化了形象，一直得不到皇帝的垂青。昭君在后宫寂寞地呆了两三年，这时北方匈奴的首领呼韩邪单于主动来汉朝称臣，并请求娶汉女和亲，以示永结汉匈友好之意。元帝也顺水推舟，答应了呼韩邪单于的请求，遍召后宫之女，选取愿嫁之人。昭君得此消息，就挺身而出，慷慨应诏，愿意远嫁他乡。呼韩邪偕同昭君临行之时，元帝亲自送行，始见昭君非凡的容貌，极为惊讶，顿时后悔不已，本想反悔，又怕被讥失信，只好忍痛割爱。昭君怀抱琵琶，骑着马儿，离开了故土，出了边塞，来到了大漠连天的胡地。望着一队队南飞的大雁，昭君的内心异常复杂。此时，她更加眷恋故土，眷恋亲人，但为了汉匈的和平，她知道必须义无反顾。昭君于是拿起琵琶，拨动琴弦，弹奏起来，倾吐心中难言的情愫。

琴声悠扬，传向云天，南飞的大雁循声俯视，看见弹琴的昭君如此美丽，也深深地被吸引住了，纷纷收起了翅膀，忘记了飞翔，从云天中折落下来，掉在昭君的身旁。昭君出塞和亲，成为汉匈和平的使者，让汉匈边塞的烽火熄灭达五十年之久。

杨玉环原籍蒲州永乐（今山西永济），生于蜀州（今四川崇州）。通晓音律，能歌善舞。最初为唐玄宗的第十八子寿王的王妃，唐玄宗见其姿色迷人，欲纳入宫中，着为女道士，号太真。天宝四年（公元 745 年）杨玉环入宫，得唐玄宗宠幸，封为贵妃。

相传杨玉环未被宠幸之前，郁郁寡欢，思念家乡。一日，她于花园散心，见牡丹、月季等盛开得热烈艳丽，想想自己被关在宫内虚度青春，不禁哀伤叹息，对着盛开的花说："花呀，花呀！你年年岁岁还有盛开之时，我什么时候才有出头之日？"声泪俱下。她刚一触花，花瓣即蜷缩，绿叶卷起。其实，她摸的是含羞草。但这一幕恰被一宫女看见。宫女到处宣扬，说杨玉环和花比美，花儿都含羞低下了头。这事又传至明皇耳里，他喜出望外，当即宣杨玉环来见驾。杨玉环浓妆艳抹，梳洗打扮后进见，明皇一见，果然美貌无比，遂将杨玉环留在身旁侍候。由于她善于献媚取宠，深得明皇欢心，不久就升为贵妃。

在唐代女诗人中，薛涛和李冶、鱼玄机最为著名。她与刘采春、鱼玄机、李冶，并称“唐朝四大女诗人”；与卓文君、花蕊夫人、黄娥并称“蜀中四大才女”。

薛涛（约公元768—832年），字洪度，长安（今陕西西安）人。幼年随仕宦的父亲薛郧流寓成都，父死家贫，十六岁便堕入乐籍。

薛涛以文采与美貌闻名于世，与当时有名的文人墨士相互以诗书唱和，其中著名的诗人王建亦在其中，又以歌伎而兼清客的身份出入名人幕府。

唐德宗贞元（公元785—804年）中，韦皋任剑南西川节度使，召令赋诗侑酒。韦皋又曾拟奏请朝廷授其秘书省校书郎的官衔，格于旧例，未能实现，但人们往往称之为“女校书”，故王建曾寄赠薛涛诗一首，名曰《寄蜀中薛涛校书》。诗云：

万里桥边女校书，枇杷花里闭门居。

扫眉才子知多少，管领春风总不如。

薛涛有《锦江集》五卷，今佚。《全唐诗》录存其诗一卷。薛涛以其出众的才华和美貌，以及与当时文人骚客的诗书唱和、情意缠绵，成为当时卓有成就的女诗人；以“管领春风总不如”的才华，横扫唐朝诗坛上的文人骚客。后来人们就常用扫眉才子指有文才的女子。

作为才女的薛涛在历史上影响很大，其在文化史上的印记也值得注意。如以“笔力峻激”见长的薛涛字、由薛涛自己设计流传至今的薛涛笺（原用来写诗，后来用作写信）、汲水制笺的薛涛井、引“薛涛井”水酿制而成的“薛涛酒”（“全兴大曲”的前身），等等，都在历史发展的轨迹中沉积而被人们所认识、熟知。

花蕊夫人，原姓费，青城（今都江堰市东南）人。幼能文，尤长于宫词，原为歌伎，后被征入宫，得幸后蜀君主孟昶，封为贵妃，赐号花蕊夫人。花蕊夫人的名字在蜀地女子中虽不如卓文君响亮，却在《全唐诗》中以153首宫词站住了脚跟，并且在唐末五代十国的野史中出尽了风头。后蜀国至孟昶时期，呈现出一派升平和乐的景象。但孟昶成长于深宫之中，继承的是父亲的余业，加之他自己后期的纵情享受，习于奢侈，玩物丧志，于是，到了公元965年赵匡胤派兵伐蜀时，孟昶只有奉表投降了。

花蕊夫人作为俘虏被押解到了汴京之后，赵匡胤问她：“为什么蜀国亡了，你不以身殉国？”花蕊夫人即口占那首千古称颂的绝句以回答：

“君王城上竖降旗，妾在深宫哪得知？

四十万人齐解甲，更无一个是男儿！”

仅这四句就令所有须眉拜倒。

佛教产生于古印度，在东汉末年传入中国，魏晋南北朝时期是佛教在中国传播的重要时期。晋朝有个名僧叫支遁，字道林，以字行。俗姓关，陈留（今河南开封）人，一说河东林虑（今河南林县）人。约生于晋愍帝建兴二年（公元314年），卒于废帝太和元年（公元366年），享年53岁。与谢安、王羲之等交游，好谈玄理。注《庄子·逍遥游》，见解独到。作《即色游玄论》，宣扬“即色本空”思想，为般若学六大家之一。

在余杭山潜心研究佛经多年后，晋成帝咸康四年（公元338年），支遁出家，后云游京师，常住白马寺，与刘系之、冯怀辩论《庄子·逍遥游》之义，发表佛家新见，超越了向秀、郭象，引起了玄学界的关注，名声大振。东晋咸康永和之际，是中国学术思潮由玄学向佛教演变的重要时期。当时东晋初期渡江的开国元勋王导（咸康五年逝）、庾亮（咸康四年逝）等第一代名士相继去世，与他们关系密切的东晋第一代渡江高僧如帛尸梨密多罗（高座道人）、竺道潜或逝世，或离开了政治中心建康，隐居山林。继王导后执政的庾冰、何充，在对待佛教问题上意见不一，展开了争议。最后，支持佛教的何充获胜，为佛教徒争得了不跪拜王者的权利（详见《弘明集》）。永和时期，清谈家司马昱执政，虽对宗教兼容并包，但宗教情感更倾向于道教。在这种条件下，支道林作为东晋第二代僧人的杰出人物，在弘法中起了薪尽火传的作用。在这时期，支道林以吴县支硎山寺为点，沿建康——京口——吴县——会稽之间畅通的江南运河水道，北上京师建康，南下会稽，主要活动于京师建康士族社会的上层。他团结何充，举行佛事活动，同时又活跃于清谈场上，以其出色的辩才与睿智周旋于司马昱、殷浩、王蒙、刘惔等一代玄学名流中，扩大了佛教的影响。

支公特别喜欢养鹤。他在浙江东部的岇山住的时候，有人送了他一对小鹤。过了一些时候，小鹤渐渐长出羽翼，时时想起飞。支公舍不得鹤飞

「支公好鹤」

走，就剪断了鹤的羽根。鹤想举翅高飞却没办法再飞，于是回头看自己的翅膀，然后低下头来，看上去就像人一样沮丧。支道林说：“鹤生来是应该翱翔在天空的，哪里会甘心当人的宠物被眷养玩耍！”经过一段时间调养，等到鹤的羽毛重新长出来，让它们飞走了。

在这则寓言中，“出家人以慈悲为怀”的佛教理念和人原始的恻隐之心让支公最终放飞了鹤。魏晋时期的佛教和哲学都很兴盛，晋人钟爱自己的精神自由，不愿意成为玩物，这种伟大的自由洒脱精神终被这些文字承载了下来，树成了一座精神的丰碑供后人瞻仰！

何为真正的喜爱？真正的爱不是像叶公好龙那样，也不是占有，不是支配，而是理解它，让被爱者得到尊重和自由！

支遁不仅喜欢养鹤，还特别爱白马，号“白马道人”，《吴地记》甚至将支公仙化，说他得道后，“乘白马升云而去”。传说支公的坐骑是一匹白马，很有灵性。一天，白马沿着山涧一路吃草，不知不觉来到一个大湖边上，情不自禁跃入湖中，痛痛快快洗了一个澡，把水搅了个浑浑沌沌。第二年，这个大湖中开满了白花花的菱花，结出的菱角又白又大又鲜美。后来，人们把白马放牧的地方叫做“白马涧”，今称马涧，白马洗澡的地方称为“白荡”，白荡里长的菱角叫“白菱”。支公养马重其神骏，养鹤放飞纵其遨游，纯为道家风采。在名僧支遁身上，我们已经很少看到印度佛教纯粹的思辨色彩，却有着明显的中国儒道思想文化烙印。皎然《支公诗》曰：“支公养马复养鹤，率性无机多脱略。天生支公与凡异，凡情不到支公地。”

「支公爱马」

仁者不忧 智者不惑

深刻的哲理，是寓言典故的灵魂，它赋予寓言典故以雄辩的说服力量、丰富的思想内含和永恒的艺术生命。在这些哲理寓言典故中，包含了大量智者形象，仁者不忧、智者不惑，他们成为创作者展示自己观点的代言人，因为其独特的人格魅力和处世思想，影响延续至今。

具有深刻哲理意味的寓言典故多集中在春秋战国时期，这些寓言典故是诸子阐理说教的有力手段，《孟子》用它宣扬“仁政”；《庄子》用它宣扬“顺应自然”，“齐生死、等得失”；《尹文子》用它阐述“名”“实”关系；《墨子》用它阐述“兼爱”、“非攻”；《韩非子》用它全面讲述法、术、势相结合的法家学说；《吕氏春秋》颇具杂家色彩。诸子寓言典故都有其独特的艺术风格，读诸子寓言典故就如走进一个百花盛开的大花园，丰富多彩的人物寓言典故文化气息浓厚，奇异多思的动物寓言典故耐人寻味，寓意深厚的哲理寓言典故给人以智慧洗礼。所以说，读先秦寓言典故等于读了一部先秦诸子的哲学政治思想史。

《庄子·天地》中有一篇关于汉阴丈人的寓言故事，孔子的弟子子贡到南方游历了楚国后，返回晋国，经过汉水南岸时，看见一位老人正要给菜园子浇水。这位老人挖通一条隧道通到井里，然后抱着一只大瓮取水出来浇灌菜地，显出很吃力的样子，花费力气很多，功效却不大。子贡说：“有一种机械可以用来代替自己干这种活，一天能浇灌一百行菜地，不费力，但是功效很大，您不想用它吗？”老人仰头望了望子贡，说：“是怎样的呢？”子贡说：“把木头凿成一种机械，使它后半截重，前半截轻，用它从井里往上提水会像抽水一样轻便，随着它来回不停地运动，井水就迅速地流向四方了，这个机械的名字叫槔。”老人听后勃然大怒，顿时变了脸色，讥笑说：“我听我的老师说过，凡是有机械的人必定会干投机取巧的事，投机取巧的人必定有投机取巧之心。

「桔槔」

投机取巧之心存于胸中，人的纯粹洁白的心灵就会沾染上污点；心灵不纯粹洁白的人就会心性不定；心性不定的人是不可能接受什么道德观念的。我并非不懂得槔这种机械，我是感到羞耻而不愿意使用它啊！”

看到这则寓言，我们也许会觉得这位汉阴的老人是落后的、愚笨的，不懂得我们现在常说的成本观念、时间观念，不会计算性价比……可是这位老人身上有他的可贵之处，他有自己的坚持，在高效率的机器与心灵的纯洁中，老汉选择了自己对“道”的信仰，他更看重心灵的归宿感，他不让投机取巧的机器来“偷”走自己的信仰！而是在憨厚地保护着它……老人的可笑之处就在于，他看到了智慧的短处，却就此否定了智慧。但故事的价值也在于此，它提醒我们人类：智慧也有短处！

「古代桔槔取水」

《庄子·至乐》记载了鼓盆而歌这个寓言。庄子的妻子死了，惠子前去吊唁，看见庄子像簸箕一样岔开脚坐着敲打瓦盆唱歌。惠子说：“您和您的妻子一起生活了几十年，生儿育女直至年老过世，人死了您不哭也就罢了，还敲打瓦盆唱歌，不是太过分了吗！”庄子说：“并不是这样的，她刚死的时侯，我难道能不为此而哀伤吗？可是想一想人最初本来没有生命，不仅仅没有生命而且没有形体，不仅仅没有形体而且没有元气。夹杂在杂草之间，变得有元气，由元气又变而有形体，有形体然后有生命，现今又变为死，这就和春夏秋冬四季更替变化一样。人都安然寝于天地之间了，而我却要凄凄徨徨地守着她哭，我认为不合乎生命的自然变化的规律，所以没这么做。”

鼓盆歌是一种非常古老的曲艺形式，源于我国古代丧礼上“扑一个盆子当鼓打，唱歌陪丧家”的民俗活动，故又俗称“丧鼓”、“丧鼓歌”和“打鼓闹丧”，其具体的形成年代已无法确考。鼓盆歌流传于江汉平原的沙市、荆州、江陵一带，其表演形式通常为一人或二人自击鼓板独唱或对唱。民间演出时热心的听众也可参与帮腔，即在每段唱词的开头和结尾一起齐唱，也有一人无伴奏的清唱形式。

在这个寓言中，鼓盆而歌本为惠施指责庄周在妻子死后不伤心难过的说辞，后以此表示对生死的乐观态度。

庄子鼓盆而歌的举动反映了他豁达达观的人生态度。庄子将妻子的死看作是生命重新回归到了原始的混沌状态，认为妻子已经歇息在自然中。豁达的庄子将生死视为四季变化一样的自然，在他眼中，人与自然是合二为一的，人无论是生，抑或是死，都是在自然界中与万物同在……所以，生与死并无差别。庄子的这样一种人生智慧不仅为中国古代哲学灌注了新鲜活水，而且对后来各个时代的文人产生了巨大影响，是他们在苦闷现实中聊以自慰的重要的精神出口。

关于生死的态度问题，《庄子·大宗师》中“莫逆之友”也有论及，和“鼓盆而歌”有神似之处。子祀、子舆、子犁、子来相互议论说：“谁能够把‘无’当做头颅，把‘生’当做脊梁，把‘死’当做屁股，谁能明白死生是一体的，我就和他做朋友。”四个人相视一笑，彼此心意相通，遂结为至交好友。不久，子舆生病了，子祀前往问候看望。子舆弯腰驼背，五脏血管向下，面颊隐藏在肚脐下，肩膀高过头顶，发髻朝天，阴阳错乱失调不和，他的心里却闲适自在，若无其事。他蹒跚地走到井边照见自己的样子，说道：“哎呀，造物主又把我变成这样一个曲屈不伸的人啊！”子祀说：“你厌恶自己这个样子吗？”子舆回答说；“不，为什么要厌恶？假使把我的左臂变成鸡，我就用它来报晓；假使把我的右臂变成弹弓，我就用它来打斑鸠烤了来吃；假使把我的屁股变成车轮，把我的精神化为马，我就乘着它来行走，哪里还需要找马车呢？况且人的生命的获得，是因为适时；生命的丧失，是因为顺应。安心适时并且顺应变化，哀乐就不能够影响到自己的心，这就是古人所说的解除倒悬，那些不能够自己解开束缚的人，是被外物束缚住了的。况且人力不能胜过老天由来已久，我又有什么可以厌恶的呢？”

「鼓盆而歌」

子祀、子舆、子犁、子来四人豁达淡然的生死观，即是庄子生死观的再次体现，生命与死亡本都是自然赋予我们的，不论其生命形态如何，生命长度如何，都应在自然的安排中坦然对待，秉承得到生命适时、失去生命顺应自然变化的生死观，则就没有了那许多的哀怨苦楚，获得超脱和自由！在庄子心中，生命也许本就没有所谓的有和无，也就没有了这些失和得。也许他最终追求的就是自由翱翔在天地不受任何束缚的那个自己！

庄子一生穷困潦倒，物质上的富有并不是他的志向所在，反而是他最为鄙夷的，他不愿意位列卿相，受爵禄、官场体制的管束，一直向往着个体的自由。与儒家积极改造人不一样的是，他主张人顺应自己的天性，向往着自由，绝不愿在政治与名利中异化自己……而他自己的一生也是这样坚持着践行着这一点。“曳尾途中”（《庄子·秋水》）这个寓言就鲜明地反映了庄子的这个人生态度：庄子在濮河边上钓鱼，楚国国王派两位大臣前去请他做官，他们对庄子说：“楚王想将国内的事务托付给您来做啊！”庄子拿着鱼竿，没有回头看他们，说：“我听说楚国有一只神龟，死时已经三千岁了，国王用锦缎包好放在竹匣中珍藏在宗庙的堂上。这只神龟，它宁愿死去只留下骨头让人们珍藏呢，还是情愿活着在烂泥里摇尾巴呢？”两个大臣说：“情愿活着在烂泥里摇尾巴。”庄子说：“请回吧！我要在烂泥里摇尾巴。”

庄子是道家的代表人物，对于“道”的理解，“每下愈况”这个寓言有很精妙的阐释。东郭先生请教庄子说：“常说的道，在哪里呢？”庄子说：“道无所不在，处处都有。”东郭先生说：“请举个例子说说看。”庄子说：“比如说在蝼蚁中。”东郭先生说：“为什么是在这么卑下的地方呢？”庄子说：“在稊米稗草里。”东郭先生又问道：“为什么又更加卑下了啊？”庄子又答道：“在砖瓦当中。”东郭先生就问道：“为什么会越来越卑下了呢？”庄子说：“在屎尿中。”东郭先生不再问了。庄子说：“你刚才所问的根本就没有问到根本的本质之处。司正、司获来到市场询问监督市场人，如何通过脚踩大猪来估量猪的肥瘦，回答说越往下越接近猪的脚胫越能显出它是否真肥。所以说并不用指定道在哪个具体的事物上，道是离不开具体事物的。最高的道是这样，最伟大的言论也是这样。‘周’、‘遍’、‘咸’三个词，名字不一样，但实质都是‘全’的意思，他们所指代的意思都是一样的。”

庄子对于“道”的认识和佛教里的一个小故事揭示的真理有异曲同工之妙：一群浪花在海里嬉戏，有一个小浪花看到周围的浪花都比她大，比她高，心里自卑起来，仿佛觉得自己越发矮小了。这时旁边的浪花安慰她说，其实我们大家都是一样的，因为我们的本质都是“水”。

东郭子问“道”，庄子的回答正说明一个道理：“道”不仅仅存在于“大言”之中，它关乎宏微，没有离开世上每一个事物。也就是说“道”无处不在，事物无论高贵卑贱，它都是“道”的存在形式。本质相同，只是形式不同而已。

庄子空灵缥缈的思想，看似琢磨不透，远离现实，实际上他才是生活中最大的智者，他从基本事物中提炼出了本质，他不曾轻视过任何一个自然事物，虚心从中学习着生存的智慧，高于现实却又从不脱离现实，在现实中清醒地活着！

庄子的人生智慧无处不在，他的寓言总是把人性的弱点揭示得清清楚楚，让人佩服，催人警醒。“蜗角大战”讲的是有一个国家在蜗牛的左角上，国名叫触氏，又有一个国家在蜗牛的右角上，叫做蛮氏。两个国家经常相互争夺土地而战斗，常常要战死数万人，战胜的一方还要追击战败的达五日左右，然后才会收兵返回。他发挥极大的想象力将现实世界缩小在一个极端渺小的蜗角之上，幽默、直观地展现了人们战争、争夺的愚昧与可笑。同时也由此可以想见庄子看世界的眼光之深远，活在现实世界中，却不为它庞大的外表所蒙蔽，不被身边的世界所束缚，他求知的触角早已伸向更广阔的地方，以小见大的夸张手法，让庄子智慧的光芒再次跃然纸上。后来用“蜗角虚名，蝇头微利”来讽刺对其实只是很微小的名利无端地追逐。其实名利只是多么渺小的事物，但我们为了获得这些又付出了多么大的代价啊！因小

「蜗角蛮触」

失大，得不偿失，这不就是我们在追名逐利时犯得最多的错误吗？

《战国策·秦策二》中记载了“两虎相斗”这则寓言。有两只老虎为争夺一个人而互相打斗，管庄子正准备刺杀它们，管与制止他说：“老虎是凶暴的动物，人是他们喜欢吃的食物。现在两只老虎为争食物而打斗，弱的必定会死，强的必定会受伤，你只需等待时机去刺杀负伤的老虎，那可是一举而能获得两只老虎的。管庄子聪明地利用了两虎相斗的内部分歧，两虎内斗一死一伤，结果都被管庄子收入囊中。纵观历史，很多国家的衰落和灾难都是由内乱引起的。内乱起，则彼此伤残，大大削弱了自己的力量，同时也给敌人以可趁之机，最后国破家亡。管庄子的智慧就在于他利用了敌方的分裂，这也是他的一种办事策略，为他带来了事半功倍的效果。这个寓言也告诉我们要取得胜利，不能光凭勇敢，而要运用智慧。善于运用智慧的人，可以用较小的代价，取得较大的收获。

《列子·汤问》中“詹何钓鱼”讲述了这样一个故事：詹何用单股的蚕丝做钓线，用芒刺做钩，用细小的竹子做钓竿，将一粒饭剖为两瓣来做钓饵，在有百仞深、流水湍急的深渊之中钓到一条可以装满一辆车的鱼，钓丝还不断，钓钩没有被扯直，钓竿没有被拉弯。楚国的国王听说了觉得很惊异，就把他叫来问原因。詹何说：“听我曾经当过大夫的父亲说过，蒲且子射箭啊，曾经用很弱的弓、很纤细的丝绳，顺着风一射，一箭在云端射到两只黄鹂，因为用心专一、用力均匀的原因啊。我按照他的这种做法，模仿着学习钓鱼，五年才完全弄懂其中的道理。现在我在河边持竿钓鱼时，心中不思虑杂事，只想鱼，丢线沉钩，手上用力均匀，外物没有能扰乱我的心神的。鱼看见我的钓饵，好似掉到水里的尘埃或聚集的泡沫一样，吞食它不会怀疑的。所以我能以弱制强、以轻御重啊。大王您治理国家如果可以这样，那么天下的事就可以一手应付了，还能有什么对付不了的吗？”楚王说：“高。”

治国其实与做一般事一样，需要心无旁骛，需要专心致志、摈弃杂念，也需要勤思苦练，积累到了一定程度，就能达到以小制大、以弱制强、以轻制重的效果。

《吕氏春秋·贵公》中“荆人遗弓”也是一个很精妙的寓言故事：楚国有人丢了一张弓，不肯去把弓找回来，他说道：“楚国人丢了的，肯定被楚国人捡到了，何必去找？”孔子听到了这事，说道：“去掉‘楚国’这个字就更好了。”老聃听到了这事，说道：“倘然去掉‘人’字，不更好么！”所以说老聃的境界算是达到了大公的境界了！字词的取舍恰到好处地反映出了三个人对现实世界秉持的态度，楚人心中装着的只是他生活的楚地，他的眼界也就只限于这一小块地域。孔子心系的是天下苍生，积极致力于改造人性，所以有人存在的所有地方就是他目光能企及的地方。而老子关注的是宇宙万物，在他那里没有地域的差异，没有人与非人的差异……浩淼的宇宙就是他的眼界所在。但悲哀的是现实生活中能够达到楚人境界的人恐怕都为数不多啊！试着放宽我们看世界的眼光，得到的答案就会不一样！

「黄河文化」

长江流域的寓言典故中虽然有很多高人雅士形象，有丰富的哲理思想，但我们却不能不关注到一个有趣的现象，那就是秦汉以前，众多痴人愚人形象都出现在楚国。难道秦汉以前楚国真的盛产愚人吗？事实并不是这样的，这其间反映了以黄河流域为文化中心的地域歧视问题。黄河流域是我国最先发展起来的文化中心，我国先民依赖黄河和黄河冲积平原繁衍生息，形成灿烂的早期文明。在我国文明发展史上，黄河流域一带很长一段时间气候温润，土质松软，在生产工具有限的情况下非常适合发展农业生产，黄土堆积而成的高原坝子适合人们聚族居住，以此为基础不断开拓发展，逐渐产生了一个繁荣的东方文明古国。而楚国所在的长江流域一带情况则不容乐观，这里的气温比现在要高，而且湖汊纵横、荆条丛生、土壤板结，被辉煌的黄河文明视为蛮夷之地。在这种深入骨髓的黄河流域文化中心论影响之下，长江流域的诸多人和事都被视为痴人愚行，有时候甚至假托是发生在长江流域一带的人或事，因此，众多痴人愚人形象都出现在宋、楚两国便不足为奇了。这些寓言典故都是较为轻松的，呈现出一幕幕搞笑轻喜剧。刻画的愚人，他们要么迂腐机械，要么幼稚无知，要么冒失蛮干，令人捧腹大笑的举手投足之间传递着作者要表达的思想和为人处世的原则，以及对人生、宇宙万物的看法。如荆人涉澭、刻舟求剑、自相矛盾、画蛇添足等，故事通常描绘得生动形象，喜欢运用夸张，比喻等手法，语言质朴、通俗易懂，讽刺性与哲理性也较突出。

一江襟带　脉脉温情

作为母亲河的长江，被人们视作生命之河；它又恰如一条多情的纽带，把流域内不同民族、不同语言、不同文化传统的地方连接起来，融会交流。或出宦于异地，或谋生于他乡，他们同饮一江水、彼此无限情。其中，或忠君爱国，或孝亲恋乡，或友善慈惠，展现出发自内心的浓烈的人情味。

作为母亲河的长江，被人们视作生命之河；它又恰如一条多情的纽带，把流域内不同民族、不同语言、不同文化传统的地方连接起来，融会交流。或出宦于异地、或谋生于他乡，他们同饮一江水、彼此无限情。其中，或忠君爱国、或孝亲恋乡、或友善慈惠，展现出发自内心的浓烈的人情味。

忠贞爱国 彰显性情

作为一种节操、一种气节，忠贞既是指对君主或对上级的一种忠诚与操守，也可以是指夫妇之间的一种忠诚与贞操。无论所指为何，都是中华民族传统美德的一部分，世代传承不息。

相传，部落联盟首领舜帝有两个妃子，她们是尧帝的女儿娥皇和女英姐妹俩。舜到遥远的南方巡视，了解百姓疾苦，不幸身染重疴，一病不起，最后死于苍梧之野，被葬在潇湘大地的九嶷山上。娥皇和女英得知噩耗，悲痛不堪，姐妹俩一起出发，向南追寻舜的踪迹，祭拜舜的英灵。经过长途跋涉，她俩终于来到南方的潇湘一带。望着高高的九嶷山，姐妹俩再也控制不住，情不自禁地痛哭起来，眼泪飞洒如雨，挥溅到青竹之上，那些青竹渐渐便有了点点竹斑。

「斑竹」

这种带斑的竹子由于都留下了娥皇和女英的泪痕，因而被人们称为“斑竹”、“泪竹”，也被称为“潇湘竹”或“湘妃竹”。姐妹俩后来也忧伤成疾，一病不起，死在了江湘之间的大地上，化成了湘江女神，人称湘夫人。

二妃的传说历史悠久，创作于2000多年前的屈原作品中就有她们的倩影。屈原《九歌·湘君》、《九歌·湘夫人》就与舜之二妃有着密切的关联。有的学者认为，包山楚简中的“二天子”指的就是娥皇、女英。民间还把她们当成湘水之神。在如今湖南岳阳的君山上，至今有二妃墓可寻。唐代李贺《李凭箜篌引》诗：“江娥啼竹素女愁，李凭中国弹箜篌。”毛泽东《七律·答友人》诗：“九嶷山上白云飞，帝子乘风下翠微。

斑竹一枝千滴泪，红霞万朵百重衣。”都咏及此典。

春秋时期，相传陈国（今淮阳）公主息妫出生于深秋时节，却满园桃花盛开；一出生就引来百鸟朝凤，额上还带着桃花胎记，仿如桃花女神转世。因为面若桃花，又被称作“桃花夫人”。周庄王十三年（公元前684年）息妫出嫁路过蔡国，身为姐夫的蔡侯献舞并将其迎至宫中款待。其间，蔡侯行为轻佻，息侯闻之大怒，设计报复。他便派使者往楚国，怂恿楚文王出兵假攻息国（今河南省息县），息再向蔡国求救，诱使蔡侯出兵。九月，楚兵于莘地（今汝南县境）战胜蔡国，俘虏蔡侯。蔡侯亦设计报复息侯，向楚王称赞息妫容貌极美。楚王思蔡侯之言，欲得息妫，假借巡方之名来到息国。息侯款待至朝堂，楚王见息妫美色果然是人间罕见而夜不能寐。次日设宴答谢息侯，乘机以武力俘虏息侯，息妫闻变欲投井而死，被斗丹抢前一步牵住衣裙曰：“夫人不欲存息侯之命乎？何为夫妇俱死？”息妫沉默无言。

楚文王安排灭国的息君看守城门，并纳息妫于后宫。息妫入楚宫三年，生下堵敖和成王两个儿子，但怎么都不愿说话。楚王问她何故，她回答说：“我一个女人，伺候两个丈夫，即使不能死掉，又有什么话可说的？”楚王道：“这都是蔡侯的过错，我当为夫人报仇。”于是兴兵攻打蔡国。

一次，趁楚文王外出打猎，息妫得以见到看守城门的息君。她对息君说：“人生要一死而已，何至自苦！妾无须臾而忘君也。”乃作诗曰：“谷则异室，死则同穴。谓予不信，有如皦日。”息君止之，夫人不听，遂自杀。息君亦自杀，同日俱死。楚文王打猎回来，听说此事，被息夫人贞贤所感动，最终以诸侯之礼将二人合葬在一起。

「息夫人和楚文王」

另据载，息侯和息夫人二人死后被合葬在汉阳城外的桃花山上。后人在山麓建祠，四时奉祀，称为“桃花夫人庙”。历代文人墨客题咏不断。唐代诗人杜牧途经汉阳时，曾到庙中凭吊，题诗道：

细腰宫里露桃新，脉脉无言度几春。
毕竟息亡缘底事，可怜金谷坠楼人。
息亡身入楚王家，回看春风一面花。
感旧不言常掩泪，只应翻恨有荣华。

息夫人“三年不言”的典故彰显了她身为女性忠贞贤德的个性，至今令人感慨不已。

在古代中国，君主就代表国家，忠君在某种程度上就是忠于国家。因而，忠君与爱国在某种程度上并不冲突。

「卞和」

相传，春秋时期，有个叫卞和的相玉高手在荆山拾到一块璞玉，他不敢私藏，就奉献给楚厉王（公元前758年—前741年在位）。厉王命玉匠检验，玉匠说是块石头。厉王非常恼怒，以欺君之罪砍掉了卞和的左脚。厉王死后，武王即位，卞和又将璞玉献给武王，武王命玉匠检验，玉匠又说是石头，于是卞和又被砍掉了右脚。

文王即位后，卞和已经不能前去献玉了，就在荆山下痛哭起来，哭了三天三夜，泪流完了，又流出了血。文王听说后，就命人询问缘故，卞和说：“我不是为自己被砍掉了双脚而哭，而是为宝玉被当成了石头、忠贞被当成了欺骗而哭。”文王于是命令玉匠雕琢这块玉璞，终于发现了价值连城的宝玉，就命名为“和氏之璧”（《韩非子·和氏篇》）。

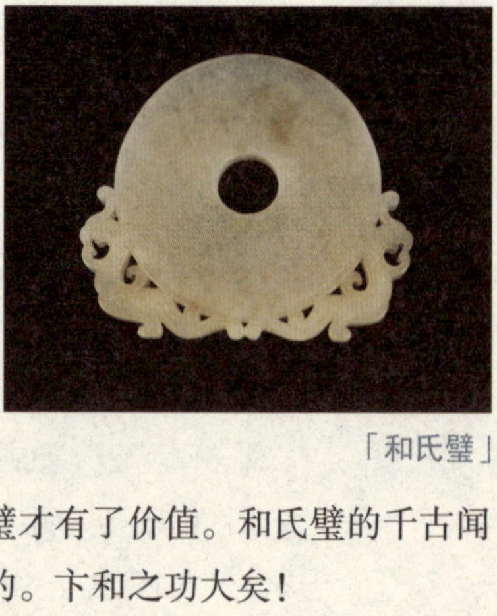
「和氏璧」

卞和凭着独到的眼光发现了璞玉的价值，然而两代君王和御用玉匠都没能认同他的判断，先王的惩罚没有撼动卞和的意志，身体的残缺也没有动摇他的信念，他身心所遭受的创伤有世人的不解和嘲讽，但更是为美玉落魄无闻的无奈和痛惜。卞和一直坚持着自己的判断，直到楚文王派遣工匠雕琢那块璞玉，和氏璧才有了价值。和氏璧的千古闻名是卞和用执着的信念和不屈的气节成就的。卞和之功大矣！

到了战国时期，这块和氏璧流落到赵国，秦国听说后提出要用十五座城市交换它。迫于秦国的压力，赵国只好派蔺相如携玉前去交换。蔺相如见到秦王后，发现其中有诈，就派人悄悄地把宝玉送回了赵国（完璧归赵），并当庭揭露秦王的欺诈行为，使秦国的骗局最终落空。

卞和发现宝玉之处位于湖北省襄阳市南漳县荆山，后名为卞和洞，亦名抱璞岩、抱玉岩。唐宋以来游人不绝，留下不少题咏。宋苏轼《涂山荆山记所见》诗"刖人有余坑，美石肖温瓒"即指此。洞内原有唐胡曾《荆山诗》碑，惜已毁。

"和氏璧"和另一个发生在楚地的典故"随侯珠"多合成运用，作"随珠和璧"、"和璧随珠"、"楚璧随珍"等，即可泛指珍宝，亦可喻指杰出的人才。

楚国到了楚成王（？—公元前 626 年）即位时，因为成王年幼，不能亲政，于是大臣之间争权夺势，相互倾轧，政局十分动荡。特别是权臣子元欺主乱国，致使楚国朝政混乱，经济凋敝，困难重重。成王成年亲政后，任命斗子文（即斗谷于菟）为令尹。

此时的楚国虽然政局渐趋稳定，但在内争、内乱之后，经济仍然举步维艰。面对这种局面，新上任的斗谷于菟毅然决然地舍弃自己的财富，上交家里积累的巨额财产，充实国库，以改善楚国财政状况，缓解国家的经济危机。据《左传·庄公三十年》记载："斗谷于菟为令尹，自毁其家以纾楚国之难。"意思是说：当时楚国府库空竭，财力雄厚的子文捐出家产，以缓解国家之急需。

斗子文的义举对楚国度过经济难关产生了积极的作用，也被后人传为美谈。不仅如此，斗谷于菟还是一位清廉勤政、律己恤民的执政者。他每天天不亮就上朝商讨和处理国事，天黑了才回家吃饭。他衣食简朴，家无积蓄，往往吃了上顿没下顿。成王听说后，不得不在他上朝时给他准备饭食。成王赏给他俸禄，他坚决不要，反复推辞。有人对此不理解，就问他："人们都在追求财富，而你却要推辞，为什么呢？"他回答说："从政做官的目的，就是要庇护民众。现在有很多民众贫困潦倒，无以度日，如果我再去攫取财富，那就是让民众的生存雪上加霜，以此给自己挖掘坟墓。我推辞俸禄是为了回避死，而不是回避财富。”

斗子文“毁家纾难”的典故表现出一位大臣的爱国行为，他的清廉为官也为后世树立了楷模。

公元前584年，楚共王兴兵伐郑，晋国出兵援郑，晋郑联军大败楚军。楚国军官钟仪成了郑国的俘虏，被押到晋国，囚禁在军需库里。钟仪每天戴着楚国的帽子面南而立，思念自己的祖国。一晃两年过去了。一天，晋侯视察军需库，发现仓库里关着一个犯人，戴着南方人的帽子，感到很奇怪，就问看守：“这个戴着南方帽子的囚犯是什么人？”看守答道：“是郑国送来的楚国俘虏。”这个人就是被俘的钟仪。晋侯让人把他放出来，亲自召见并安慰他，钟仪很有礼貌地对晋侯行了再拜之礼并叩了头。晋侯问钟仪家世代所做的官职，他回答说：“乐官。”晋侯说：“你能演奏音乐吗？”钟仪回答：“这是先人的职责，岂敢从事于其他？”晋侯命人给他一张琴，钟仪弹奏了南方的乐曲。晋侯又问：“你们的君王怎么样？”钟仪回答：“这不是小人所能知道的。”晋侯再三问他，他回答说：“当他做太子的时候，师保侍奉着他，每天早晨向令尹婴齐请教，晚上向大夫侧请教。我不知道别的。”对于这些问题，钟仪都回答得非常得体。晋侯非常高兴，对这个“南冠楚囚”的表现十分钦佩。

后来，晋侯将这件事告诉了大臣范文子，对他描述了钟仪的言行。文子听后，对钟仪的言行作了极高的评价，认为钟仪是个君子，并建议晋侯释放他，让他为晋楚两国的和平友好发挥作用。他说：“说话时举出先人的职官，这是不背弃根本；奏乐时奏家乡的曲调，这是不忘故旧；举出君王做太子时候的事情，这是没有私心；称呼二卿的名字，这是尊崇君王。不背弃根本，这是仁义；不忘故旧，这是诚信；没有私心，这是忠诚；尊崇君王，这是敏达。用仁义来办理事情，用诚信来保护它，用忠诚来成就它，用敏达来推行它，事情即使很大，也必然会成功。”晋侯听了，对钟仪更加尊重和钦佩，就下令释放了他，让他回去替晋国求和。

“南冠楚囚”的典故讲的是身在敌国的一介楚囚，仍不忘戴着带有自己国家标志帽子的故事，这种身在敌境，怀土思国的轩昂气节，令人仰慕钦佩。

春秋时曾任楚共王后期令尹的子囊（?—公元前559年），芈姓，熊氏，名贞，字子囊），也为楚国的内政外交建功不少。

公元前559年，他率楚军伐吴（都城在今江苏苏州），自料寡不敌众，便率军而退。回到楚国国都的城郊后，他让人到楚王面前请死，借以消除因自己退兵带来的消极影响。死前预感到吴国将对楚国构成威胁，遗言要加修楚都的城墙，表现出很高的远见。据《左传·襄公十四年》记载："楚子囊还自伐吴，卒。将死，遗言谓子庚：'必城郢！'君子谓子囊忠……将死，不忘卫社稷，可不谓忠乎！"后来，人们就把这件事概括为"子囊之情"（或"楚囊之情"），指代忠臣的爱国情怀。用请死的方式来表达忠心，并且死前也不忘为巩固国家安全献计，子囊的"忠"也可谓到了极致。南朝梁沈约的《齐故安陆昭王碑文》所云"公临危审正，载惟话言，楚囊之情，惟几而弥固"，就化用了这个典故。

在中国历史上，并非所有的爱国之情都能被理解，有人甚至因为爱国而蒙冤受屈，乃至献出生命。

东周景王（？—公元前520年）时期，大臣苌弘（出生于古资州，现为四川省内江、资阳地区）任上大夫。周景王死后，王族因争夺王位而发生内讧。作为周朝卿士刘文公的属臣，苌弘和刘文公联手，借晋国之力平定了内乱，辅佐王子即位，史称周敬王（？—公元前477或前476）。苌弘有治理天下的雄才大略，他忠心耿耿地辅佐敬王，希图周室复兴，深得敬王的信任。不久，晋国发生内讧，智氏、赵氏等四氏剿灭了范氏和中行氏，继而要求周王室惩处朝中支持范氏和中行氏的大臣苌弘。范氏原为晋国的执政正卿，又和刘文公有姻亲关系，对周朝平乱有贡献，因而在内讧中受到刘文公和苌弘的支持。周敬王不忍惩处苌弘，没有答应智氏和赵氏的要求，智氏和赵氏就设计离间苌弘和周王室及刘文公的关系，编造了苌弘要勾结晋国进攻周王室的虚假密信。周敬王得到密信后，半信半疑，把信交给刘文公，刘文公看信后不辨真假，就勃然大怒，立即将苌弘革职，并放逐到蛮荒的蜀地。

苌弘蒙冤含恨，有口难辩，在寂寞、悲凉的流放中，郁郁寡欢，悲愤不已，最后剖腹自杀。苌弘的鲜血喷洒了一地，惨不忍睹。蜀地正直的吏民对苌弘的冤情和死难非常同情和怜悯，就将他的鲜血收集起来，贮藏在匣子里，连同苌弘的遗体一同埋葬。三年后，趁着迁葬的机会，人们掘开苌弘的坟墓，瞻仰他的遗骸和鲜血。当匣子打开时，人们都惊呆了，其心化为红玉，其血化为碧玉。对于这种奇异景象的出现，人们一致认为，可能是苌弘的冤魂显灵了，他有意用这种方式，来向世人显示自己的冤屈。

后人常用“碧血丹心”“、苌弘化碧”、“三年化碧”等词语比喻刚直忠正而蒙冤抱恨。

生活于战国末期楚国的政治家、诗人屈原（公元前340—前278，名平，字原），恰逢楚国政治日益腐朽，国力也逐渐衰落，掌国的两代楚王（怀王、顷襄王）都是昏君。楚怀王最初非常信任他，对他委以重任，并让他起草国家宪令，但很快就经不住奸臣上官大夫的造谣中伤，先是疏远他，继而对他进行降职、罢黜、流放等一系列惩罚。

怀王死后，其子顷襄王即位。屈原曾一度回到了朝廷，但令尹子兰不满屈原对他们的揭露和指责，就唆使上官大夫向顷襄王诋毁屈原，顷襄王也像怀王一样，不辨是非曲直，就一怒之下罢黜了屈原，并将他流放到更偏远的蛮荒之地。屈原受到了更大的打击和迫害，更为楚国的命运担忧，内心异常痛苦。他形体消瘦，面容憔悴，经常披头散发，在江边湖畔边行走边吟唱，创作了很多诗歌，借以倾吐心中的愤懑和忧伤爱国之情。在《渔父》中，他清醒地认识到自己受到排挤流放的根本原因在于：“举世皆浊我独清，众人皆醉我独醒，是以见放！”尽管认清了原因，但屈原不愿同流合污、餔糟歠醨，宁愿投身湘流，葬于江鱼之腹，也不愿以皓皓之白，而蒙世俗之尘，最终在阴历五月五日这天自投湘江的支流汨罗江而死。

屈原的一生，正直忠贞，忧国爱民，在“众醉独醒”的险恶环境下，“屈子沉湘”的壮举为后世确立了忠良之臣因忧国忧民而激愤献身的典型，这在古今爱国事迹中极为典型，也因而受到了世世代代的敬仰和纪念。

爱国的手段和方式多种多样，有时也许看上去并不高明，但如果能够达到目的，也同样值得肯定。

公元前505年，吴王阖闾和大将孙武、副将伍子胥率吴军大举进攻楚国。吴军长驱直入，势如破竹，攻占了楚国郢都，楚君昭王（公元前523—前489）也仓皇地带着少数随从离开都城，狼狈地逃亡到附近郧国、随国的荒山野岭之中，差点被当地的强盗所杀。

国难当头，楚国大夫申包胥决定向秦国求援，以便借秦军打退吴军，收复楚国。

申包胥和伍子胥是一对好朋友，当初伍子胥因父遭谗被害而出逃至吴国时，曾对申包胥说："我一定要报复楚国，把它灭了！"申包胥说："那好，你努力吧！你若能灭它，我就一定能光复它。"现在楚国的命运不幸真的被伍子胥言中了，申包胥也只好兑现自己以前的诺言了。他历经曲折来到秦国，假托受楚王委派，出使秦国。见到了秦哀公后，他诚恳地对秦王申诉说："吴国像野猪长蛇一样凶恶，屡次侵害中原各国，楚国首当其冲。我们国君失去了国家，流落在荒林野草之中，派遣下臣来报告危急情况。他要我告诉您，蛮夷的贪婪是永不满足的，要是它同贵国接壤，就是贵国边境的祸害了。趁他们还未安定下来，您跟吴国共分楚国吧。如果楚国就此灭亡了，那就是您的领土了。如果您能挽救楚国，我们世世代代为您效劳。"秦哀公听完，没有理睬，起身离开，淡淡地对他说："好了，我知道了，你先到客馆里安心休息，等我们研究研究再告诉你吧。"申包胥见秦王敷衍他，没有援救楚国的诚意，就焦急地回答说："我们国君流亡在野外，还没得到安宁，我怎么能安下心来呢！"于是，他站在秦王宫庭之外，靠着宫庭的墙壁嚎啕大哭起来。

申包胥日日夜夜哭不绝声，一连哭了七天七夜，连一勺水都没喝。秦哀公终于被他感动了，对大臣说："楚君虽然暴虐无道，但是有这样的臣子，怎么能眼看着让他亡国呢？"于是又对申包胥吟诵起《诗经·秦风·无衣》这首表达秦国人民抗击西戎入侵者的军中战歌，表示要与楚国同仇敌忾的决心和勇气。申包胥一看有戏，就向秦王一连叩了九个响头，代表楚王表示感谢。随后不久，秦军就浩浩荡荡地出动了，并很快击败吴军，使阖闾被迫撤军离楚。楚复国后，要重奖申包胥，但他却拒不受赏，躲到山里隐居起来了。

申包胥"秦庭之哭"算不上什么壮举，它发生在"礼乐崩坏"的时代里，在当时，臣弑君、子弑父屡见不鲜。而且，在那个各国人才为了自己的恩怨或者施展抱负纷纷游走他国的年代里，申包胥始终尽忠于自己的祖国，以自己的行为诠释了"忠"的涵义，他执着、忘我的爱国情怀为后世树立了一个忠臣的最高境界。

春秋末期楚国人申鸣（？—公元前479年），家居于澧（今湖南临澧），相传他初做低级小吏时，就亲自种园赡养父母，孝行广为人知。后为楚国大夫，楚惠王时期任职宰相。楚平王的嫡孙白公胜作乱，申鸣辞别父亲，率军围攻白公胜，白公胜便劫持了申鸣的父亲，并以此来威胁申鸣。申鸣说："过去我是父亲的孝子，现在我是国君的忠臣。"于是指挥军队进攻，杀死了白公胜，自己的父亲也被杀死了。

楚惠王要奖赏他一百斤金，申鸣说："吃人主的饭，又躲避人主的难，不是忠臣；现在国难平息，但我的父亲却因为我被敌人杀害，我如果活下去，那就不是孝子了。"说罢就自杀了。楚王十分感动，下令在申鸣故地筑城纪念，这就是当今仍能看到的申鸣城的来历。

远在春秋时期，申鸣古城就成为楚国重要的经济文化中心，楚国大夫申鸣及其子孙后代在古城倡导的"孝义、尚友"的申鸣精神世代在古城社区传承。"忠孝两全"的申鸣在中国历史上为无数的仁人志士树立了一个难以企及的标杆，更成为中华传统文化的宝贵财富。

「申鸣城城址」

申鸣古城城址位于今湖南省临澧县新安镇古城村，平面呈长方形，东西残长约500米，南北残宽约300米。夯土城垣残存7段，高约3米，宽4米。

爱国之情是外在的，更是发自内心的内在流露，深入骨髓，难以抹去。

春秋战国时期，韩、魏两国曾因边境纠纷发生了一次战争，魏国遣使向秦惠文王（公元前337年—前311年在位）求救。秦惠文王对是否出兵犹豫不决，便召集群臣商议，大臣们七嘴八舌，意见不一。这时，原来在秦国供职，后又到楚国做官的齐国人陈轸恰好奉楚王之命来秦国访问。秦惠文王很高兴，便用上国使者之礼接见了他，并问道："你离开了秦国去楚国做官，还会想念我吗？"机智的陈轸并未作正面回答，却反问道："大王您知道越国人庄舄的故事吗？"秦惠文王摇头说不清楚。陈轸便一五一十地告诉了秦惠文王。

东周战国时期的越国人庄舄（亦称作越舄，生卒年不详），出身贫寒，在越国怀才不遇，无奈之下投奔楚国，被楚王封为高官，成为楚国名臣。庄舄后来生了一场大病，楚王得知后，就问身边的臣子说："庄舄生病了，他原来在越国穷困潦倒，现在我让他做了大官，享不尽荣华富贵，不知道他是否还想念他的越国。"一个侍御官讨好地说："一个人要是思念故国家园，一定会在病中表现得很明显。他如果想念越国，便会发出带有越国味的呻吟声；相反，就会发出楚国味的呻吟声。"楚王听了觉得很有意思，越发感兴趣了，便派人暗中到庄舄家里去探听，以验证他的动态。果然，那人听见庄舄在病中断断续续发出的都是带有越国味的呻吟声。（《史记・陈轸列传》）

陈轸说完故事，又坚定地补充道："为臣我虽曾被秦王弃逐而到了楚国，哪能就没了秦声呢？"意在表明自己仍然对秦国抱有思念之情。后世人们便以"庄舄越吟"的典故指怀乡之咏与思念故国（或故主）的情怀。

战国时期，越国大举进攻齐国。越国的军队一到达齐国，形势就非常紧张。此时，有个叫雍门子狄的人主动向齐王请战，愿以死相抗。齐王不紧不慢地说："鼓舞士气的战鼓还没有敲响，守城的弓箭和垒石都还未使用，长矛之类的兵器也还没用上，你怎么就以死相对呢？这是为人臣之礼吗？"雍门子狄回答说："我听说过，大王您曾经驾着车在苑囿中打猎，左车毂发出响动，坐在车右的武士主动请死相护。大王问那个武士：'你为什么要请死？'武士回答说：'因为左车毂的响动让大王受到惊吓了。'大王说：'左车毂鸣响，过错在车匠，跟你有什么关系？'武士又说：'因为我没看见车匠乘车，而只听见车毂的响动惊动了大王。'于是自杀而死。大王您知道有这事吗？"齐王点头称是。雍门子狄接着说："如今越国军队到了齐国，让君王受到惊吓，其严重程度难道比左车毂的鸣响还小吗？坐在车右的武士可以因为左车毂的鸣响而死，为臣我难道不能因为越国军队来犯而死吗？说完也自杀身亡。

古代的乘车制度规定：尊者居左，御者居中，另有一人居右陪乘。居右者一般为武士（或力士），平时或作战时便于保护车左之尊者、主帅等人。而当行车遇到障碍受阻时，则下车助推。

肩负重任的齐国武士之所以愿意以死报君，就是特别看重了这种责任。而雍门子狄愿意效仿勇士，也同样具有这种品质，值得肯定。

当天，越国军队知道了雍门子狄的所作所为，也非常震撼，于是后退了七十里，感慨地说："齐王手下的大臣都像雍门子狄那样忠贞不二，敢于拼命，要让越国灭亡，我们哪敢再去侵犯他呢？"越军最终尴尬地带着武器回国了。齐王也被雍门子狄的行为感动了，便以上卿之礼埋葬了他。（汉刘向《说苑·立节》）

爱国是一些壮举，更是一种态度。

诸葛亮兵败街亭之后，引咎自责，请自贬三等。于是在汉中惜军爱民，励兵讲武，以图再举大计。

后主刘禅建兴六年（公元 228 年），魏都督曹休被东吴陆逊大破于石亭，气忧而亡。东吴遣使致书蜀中，请兵伐魏，并言大破曹休之事，言下有"两国夹攻曹魏，机不可失"之意。当时诸葛亮在汉中休养生息，兵强马壮，粮草丰足，所用之物，一切完备，于是上表后主，再度出师伐魏，这就是后世著名的《后出师表》。

但这篇千古传诵的名表为《诸葛亮集》所不载，而出自三国吴人张俨的《默记》。《三国志·蜀书·诸葛亮传》裴松之注引《汉晋春秋》云：

亮闻孙权破曹休，魏兵东下，关中虚弱。十一月，上言曰："先帝虑汉、贼不两立，王业不偏安，故托臣以讨贼也……臣受命之日，寝不安席，食不甘味；思惟北征，宜先入南，故五月渡泸，深入不毛，并日而食。臣非不自惜也，顾王业不得偏全于蜀都，故冒危难以奉先帝之遗意也……臣鞠躬尽力，死而后已，至于成败利钝，非臣之明所能逆睹也。"

「位于白帝城的刘备托孤彩塑」

透过此《表》，可见诸葛亮力排众议，竭尽全力，不负刘先主白帝城遗诏托孤大任的忠心，也可见诸葛亮开嗣后主，小心谨慎，为复兴汉室而操劳的勤勉。诸葛亮“蜀汉忠臣”的形象，于此昭昭可见。

诸葛亮“鞠躬尽瘁，死而后已”的精神，与后世“生命不息，战斗不止”的品质基本吻合。它是任何一个敬业爱国之人都孜孜以求的可贵精神。

东晋王朝的缔结者之一王导从年少时便以“有风鉴，识量清远”著称。他曾以过江士人为主体，联合南北士人共同辅佐晋元帝司马睿，被元帝称为“吾之萧何”。在皇帝登基大典上，司马睿要王导一同“升御床共坐”，同受百官朝拜。王导推辞再三，司马睿才独自上了龙座。当时人们传语说：“王与马，共天下。”（《晋书·王敦传》）

据《世说新语·言语》记载：“过江诸人，每至美日，辄相邀新亭，藉卉饮宴。周侯中坐而叹曰：‘风景不殊，正自有山河之异！’皆相视流泪。唯王丞相愀然变色曰：‘当共勠力王室，克复神州，何至作楚囚相对！’”大意是说：南渡过江的士大夫，每遇风和日丽的日子，就相邀来到南京附近的新亭，坐在草地上赏花饮酒作乐。周觊坐着叹息道：“风景跟往昔一样，只是有山河变异之感。”大家都相视流泪。只有王导把脸一沉，厉声厉色地说：“我们应当共同合力效忠朝廷，收复中原失地，怎么可以像囚徒似的相对垂泪，一筹莫展呢！”

「东晋新亭会」

面对怀念中原故土而又窘迫无计的士大夫，唯有王导不赞成灰心丧气，主张“勠力王室，克复神州”。当国家有危难时，要共同面对，不做亡国奴，不要无助而泣，苟延残喘。彼时彼刻，王导的话的确能够起到安定人心、振奋精神的作用。由此可见，王导见识的确高人一筹。“新亭对泣”，后来成为在国家处于危急存亡之秋徒感悲伤而又束手无策的典故。

新亭在六朝时最为著名，是六朝建康（今南京）西南的近郊军垒。新亭、白下，一南一北，为建康宫城的南北门户。

楚囚，本指春秋时被俘到晋国的楚国人钟仪，后借指被囚禁的人，也比喻处境窘迫、无计可施的人。钟仪曾担任楚共王时期（公元前601—前560年）楚国设在郧邑的行政长官，称作“郧公”。楚共王七年（公元前584年），楚令尹子重率兵攻打郑国，钟仪随军出征，由于战败而沦为战俘。郑国把他抓住后，又转送晋国，成了“楚囚”。在被囚期间，他怀念故国，不忘家乡，每每想到楚国的战败，不禁潸然泪下，爱国之情溢于言表。

出生于苏州吴县的范仲淹，北宋仁宗景祐元年（公元1034年）曾任苏州知州，很有政绩。后来负责西北边防，防御西夏入侵，也战绩卓著。庆历三年（公元1043年），范仲淹任参知政事，提出了旨在整顿吏治、抑制腐败的一系列改革措施。可惜新政推行仅一年多，由于守旧势力的阻挠破坏，以失败告终，遂被外放至任州、邓州、杭州、青州等地任知州。

庆历四年（公元1044年）春天，滕子京被贬谪到岳州巴陵郡做知府，于次年春重修岳阳楼，六月写信给贬官在邓州的好朋友范仲淹，并附有《洞庭晚秋图》一幅，请他写一篇文章记述这件事。到庆历六年（公元1046年）九月，范仲淹便写了名扬千古的《岳阳楼记》。在文章中，他提出了“不以物喜，不以己悲”，“居庙堂之高则忧其民，处江湖之远则忧其君”，“先天下之忧而忧，后天下之乐而乐”的著名观点。在宋代士大夫普遍养尊处优、安逸享乐的风气下，范仲淹官至将帅、卿相而能清廉自守，显得更为难能可贵。

“先忧后乐”是范仲淹一生行为的准则，欧阳修在为他写的碑文中说，他从小就有志于天下，常自诵曰：“士当先天下之忧而忧，后天下之乐而乐也。”“先忧后乐”本是用来勉励自己和朋友的话语，后来也成为封建时代许多士大夫的人生信条。

顾炎武是苏州府昆山人，明末清初著名学者。他曾参加抗清斗争，后

「顾炎武」

来致力于学术研究，晚年则侧重于经学的考证，著有《日知录》、《音学五书》等。他学识渊博，在经学、史学、音韵、小学、金石考古、方志舆地以及诗文诸学上，都有较深造诣。

面对当时黑暗的社会现实，顾炎武认为当务之急在于探索“国家治乱之源，生民根本之计”（《亭林佚文辑补·与黄太冲书》），强调“君子之为学”，在于明道以救世。他认为“有亡国，有亡天下，亡国与亡天下奚辩？曰：易姓改号，谓之亡国；仁义充塞而至于率兽食人，人将相食，谓之亡天下……保国者，其君其臣、肉食者谋之；保天下者，匹夫之贱，与有责焉耳矣！”（《日知录》卷十三《正始》）。所以，生活于明末清初的顾炎武，从小就爱读忠臣义士的故事，他参加图谋革新的复社，在昆山组织守将抗清，城破后他牢记继母王氏的教诲，不做清朝的臣子，化装成商人游走各地，联合各地抗清人士，尽自己的匹夫之责，以保全天下不至于灭亡。

尽管顾炎武力图保全的天下最终并没有得到匡正，但“天下兴亡，匹夫有责”的爱国态度和高度的社会责任感激励过无数的有识之士在国家兴亡、民族危难之际奋发图强、振作有为，迸发出救亡图存的斗志。顾炎武也因此成为我国历史上爱国志士中的标志性人物。

生于清末的谭嗣同（公元1865—1898年，字复生，号壮飞，又号华相众生、东海褰冥氏、廖天一阁主等），湖南长沙浏阳人，善文章，好任侠，长于剑术。清末著名维新人物。1898年参加“戊戌变法”，变法失败后，于1898年9月28日在北京宣武门外的菜市口刑场英勇就义。同时被害的维新人士还有林旭、杨深秀、刘光第、杨锐、康广仁六人，时人并称“戊戌六君子”。

「谭嗣同在狱中」

“戊戌变法”失败后，以慈禧太后为首的顽固派大肆迫害维新派人士，谭嗣同不愿出逃避难，毅然决定以自己的热血唤醒民众。他在狱中写了一首气壮山河的绝笔诗：

望门投止思张俭，
忍死须臾待杜根。
我自横刀向天笑，
去留肝胆两昆仑。

谭嗣同在诗中提到张俭、杜根两个历史人物的遭遇，但他不愿选择他们的避难方式，表现出了视死如归的气概。他不愿意选择逃亡而给别人添麻烦，也不可能凭借执法者手下留情而暂时躲过一死，他要以“横刀向天笑”的方式大义凛然地去刑场就义。而康有为、梁启超则选择东渡日本。所以，在谭嗣同看来，去者和留者都是光明磊落、肝胆相照，恰如昆仑山一样巍峨高大。

张俭（公元115—198年），字元节，东汉末年高平人，汉桓帝时因弹劾宦官侯览，被反诬为结党营私，被迫逃亡。张俭望门投止，许多人看重他的声望品行，都冒着危险收留他而遭致家破人亡。

杜根，东汉安帝时郎中，因要求临朝听政的邓太后还政于皇帝，触怒太后，并逮捕了他，命令盛以绢袋，欲在殿廷上扑杀之。因执行人手下留情，未死。隐身酒肆，邓太后死后，复官为侍御史。

孝亲恋乡 凸现本真

在长江流域的寓言与典故文化中，孝文化是其重要的内涵之一。回望历史，整个长江流域的孝行之举难以尽数，但由于他们大都不是通过寓言产生的，所以，在寓言中极少涉及孝行的内容。而在典故中却能够找到不少与孝行有关的内容。这些孝行故事因为事例的典型性、传播的广泛性受到了普遍关注，成了孝行的标本，凝固成型后进入到传统的语言文化视野而被人广泛提及和使用。

众所周知，成书于元代郭居敬之手的《二十四孝》中的孝行故事，是中国古代孝文化的主体。这其中，有近一半的故事发生地就在长江流域。他们分别是：彩衣娱亲（老莱子）、扇枕温席（黄香）、卖身葬父（董永）、哭竹生笋（孟宗）、扼虎救父（杨香）、尝粪忧心（庾黔娄）、涤亲溺器（黄庭坚）、恣蚊饱血（吴猛）、怀橘遗亲（陆绩）、涌泉跃鲤（姜诗）。

另有一些没有进入“二十四孝”故事中的，也极为典型，值得注意。

春秋时期，楚国有个老年隐士，人称老莱子（约公元前599—约前479年），他七十岁时父母还在，但他对他们非常孝顺。为了让双亲健康长寿，他经常想方设法逗他们开心，不仅从林中捉来鸟雀，用绳子系住，拴在双亲身边，供父母玩弄、消遣，还别出心裁，特意给自己做了一件五色彩衣，作为道具，为双亲表演节目。每当他穿上这件彩衣时，顿时显得又滑稽又可爱，像穿着花衣服的婴儿一样。他时常穿着彩衣，舞动着身肢，做出各种滑稽的姿势，就像作法的巫师、演戏的伶人，逗得双亲咧开没牙的嘴巴哈哈大笑。

「戏彩娱亲」

老莱子还注意随机应变为父母逗趣。有一次，他从厨房端浆汤给父母喝，走到堂上时，一不小心跌倒了，趴在地上，浆汤也泼洒了一地。父母看了，正觉得心疼，谁知他顺势卧在地上，朝着双亲扮着鬼脸，学着婴儿的模样，装模作样地又哭又叫，把二老逗得立即转忧为喜。

这个“戏彩娱亲”的典故至元代时，被搜集在著名的《二十四孝》之中，用来训诫童蒙，成为儒家宣传孝道思想的重要范式之一。

西汉时，青州千乘（今山东省博兴）人董永，母亲早亡，与父亲相依为命，长大后靠耕种田地供养父亲。后来，因逃避战乱而迁居荆州丹阳（200多年后，在南朝刘宋时，丹阳以董永行孝之故，改名“孝昌”，后改为孝感）。父亲亡故后，他无力安葬，便自卖到傅家冲的傅员外家为奴，以换取料理丧事的费用。员外知道他贤明守信，便预支一万钱给他。等到三年丧期届满，董永便到傅员外家供其奴职。在路上，他遇到一个妇人，主动对董永说：“愿为子妻。”董永说：“今贫若是，身复为奴，何敢屈夫人之为妻？”妇人说：“愿为君妇，不耻贫贱。”董永推托不得，便带着那女子一同上路。员外见昔日单身的董永这次带着妻子上门，没好气地问：

"本言一人，今何有二？"董永回答说："言一得二，理何乖乎？"员外又问："妇人何能？"董永说："能织布。"员外说："如果是这样，那就让你妻子为我织缣百匹即可"。于是董永之妻便开始理丝织布，十日便完工。两人高兴而归，在回家的路上，那妇人便对董永说："我，天之织女也，缘君至孝，天帝令我助君偿债耳。"说罢，凌空而去，不知所在。

后世对这个感人故事的敷演、再创造已经达到了非常丰富理想的程度，呈现出的作品形式也多种多样，感人至深，引人入胜。其中，《天仙配》就是以此为原型创作出来的经典作品，家喻户晓。

「董永、七仙女像」

有关董永孝行故事，文献记载亦较多，刘向《孝子传》、曹植《灵芝篇》、干宝《搜神记》是较早的，但时代、地点、孝行事迹都略有差异。后世文献《法苑珠林》、《太平御览》、《永乐大典》等都有征引，今参考以上诸书资料和清代顺治《孝感县志》的相关内容综合而成，并确定故事发生地在湖北省孝感市。今孝感城区及附近农村传说董永故事遗迹有多处，主要有：理丝桥、槐荫树、傅家冲等。而根据董永故事命名的街道、建筑更是比比皆是，如：槐荫大道、理丝小区、新月园、理丝路、仙女路、孝子祠等。建于1984年的董永公园更以优美的园林艺术再现了孝子董永等中国古代感天动地的行孝故事。在孝感市的入口处还竖立有"董永故里"牌匾，建成了槐荫广场，还在新月园和火车站立了"满工还家"和"天仙配"的高大雕塑，共同向世人昭示着孝感这座城市浓厚的孝文化韵味。

东汉广汉（今四川德阳）人姜诗，事母至孝。其妻庞氏，侍奉婆婆尤其谨慎。姜诗的母亲喜欢喝长江水，他的妻子就专门跑到长江边汲取江水来奉养她。母亲又特别爱吃鱼，夫妇俩常烹调供养，并且还召来邻居的母亲一起食用。

后来，在他们房舍的旁边忽然喷涌出泉水，泉水的味道就如江水一样，并且每天还跳出两条鲤鱼，姜诗夫妇就取来供养母亲。（《后汉书·列女传》）这就是"涌泉跃鲤"的典故。

相传，赤眉军经过姜诗的住地，不仅没有侵犯他，而且赠送他米和肉。姜诗后来出任江阳令，卒于官任。

东汉时，江夏安陆有个叫黄香的孩子，幼年丧母，与父亲相依为命。黄香小小年纪就非常懂事孝顺，对父亲侍奉得极为周全、贴心。夏天睡觉时，他为父亲扇凉枕头；冬天睡觉时，他又每天提前为父亲捂热被窝。他家境贫寒，衣食不能自足，却不愿接受别人的施舍。有人看他冬天床褥很薄，就送给他一床被子，他婉言谢绝了。黄香不仅懂事，还酷爱读书学习。他少年时代就读完了很多经书，博学多闻，还擅长写作，下笔文采飞扬。皇帝听说后，也对他的精神大为钦佩，赐给他全套《孟子》和《淮南子》，并下诏让他到京城的东观藏书楼来读未读之书。

「温衾扇枕」

黄香的美名当时在京师广泛流传，人们赞誉道："天下无双，江夏黄童"。黄香成年后做了官，为官清廉，体恤民情，也深得好评。他曾任魏郡太守，魏郡发生水灾时，他全力救灾，并倾其所有赈济灾民，是当时社会典型的正直官吏。

此故事含有"天下无双"、"江夏无双"、"黄香温席"等典故。古代启蒙读物《三字经》中"香九龄，能温席。孝于亲，所当执"就是出自这个故事。这个故事又被后人列入《二十四孝》之中。另外，《礼记·曲礼》规定："凡为人子之礼，冬温而夏凊。"凊（qìng），凉，使清凉。小小年纪便能践行孝道的黄香，历来被人们赞颂不已。黄香所为，符合传统礼仪范畴的基本要求，因而他也被称为天下至孝之人。

「川陕蜀道」

东汉时琅邪人王阳受命被派往益州（今四川成都一带）任刺史后，便带着妻儿老小和随从去上任。当他们的车驾行进到邛崃九折阪的时候，发现道路曲折陡峭，实在难以通行，感叹道："将来送先人遗体回乡，怎么能让先人遗骨屡受颠簸，经受这种险途！”于是就推托有病，调转车头，离任而去。

这折“孝子回车”的典故，亦名“孝子回辕”。王阳之举，世人的看法不尽相同，有视作孝行的，也有视为把生命看得高于官位的。从故事的主体来看，看做孝行较为允当。另外，从王阳将来要送先人遗骨返乡的思虑中可以看出，叶落归根的观念在中国具有悠久的传统，其影响即使在新的时代里也是难以磨灭的。

如果说王阳的回车之举纯属于孝道，那么，当另一个东汉涿郡高阳人王尊为官赴任经过坎坷难行的蜀道所表现出来的“九折不回”之举却是另一种精神境界。

他也被任命为益州刺史，上任时也走到了九折阪。面对陡峭难行的山道，他问驾车的小吏：“这里不是王阳曾经畏惧的险途吗？”小吏回答说：“是的。”王尊对他严厉地吩咐说：“闯过去！王阳是孝子，不愿经过此路，而我王尊是忠臣，偏要经过此路。”王尊便带领属下历经艰险，终于辗转来到益州上任。他在任两年，树威立信，当地原本不服管教的部落纷纷归附，受到历史的好评。

王尊的行为所表现出的精神境界从理论高度上看可以概括为“忠君”思想。这种思想在西汉时期便在“君为臣纲”的封建说教下变成了不可违逆的教条，禁锢着后来一代代走上仕途的封建官员们。

忠君的内涵在古代十分宽泛，它并非单纯意义上的修身守节、不事二主，同时，忠于职守，尽责尽责，也是不可忽视的重要内容。

东汉末年，庐江人（今安徽西南）毛义自幼丧父，与母亲相依为命。他家里虽然很穷，但仍然周到细致地侍奉母亲，尽力让母亲过得快乐。毛义的孝行被人们广为传颂。南阳人张奉非常钦慕毛义的美名，就不远千里到庐江拜会他。

到了毛义的家里，毛义当时不在，张奉就准备耐心等候。他刚坐下来不久，恰逢庐江府的檄文来了，任命毛义为太守的令官。毛义回来后，双手捧着任命的檄文，喜形于色。张奉本来是个崇尚高士的人，一见毛义如此表现，心里非常鄙视，对自己专程拜访非常后悔，就不愿接触他，态度坚决地离开了。后来，毛义在母亲死后，辞掉了官职，一心为母亲守孝；守孝期满，公府又多次征辟他出来做官，他才做了县令。任职时，举手投足都按照礼节的要求，从不失礼。他又被举荐为贤良之士，皇帝征召他到朝廷任职，但他始终推辞不去。张奉听说了毛义的这些情况后，终于明白了毛义当初为什么对做官表现得那么欣喜，他感叹地说："贤者的内心深处是不能轻易探测的。毛义往日表现的欣喜，是为了让母亲高兴而故意委屈自己的心志。这大概就是常言所说的'家贫亲老，不择官而仕'吧。"

"捧檄毛公"的典故告诉我们的是：毛义在"家贫亲老"的情况下，"不择官而仕"，表现出的是儒家传统孝道中的一种，即为了养家养老，只要有官职即可。汉韩婴《韩诗外传》卷七："故家贫亲老，不择官而仕；若夫信其志、约其亲者，非孝也。"汉刘向《说苑·建本》："子路曰：负重道远者，不择地而休；家贫亲老者，不择禄而仕。"如果"家贫亲老，不为禄仕"，就是不孝了。

汉末名将周瑜（公元 175—210 年，字公瑾），庐江舒县（今安徽舒城）人。他出身士族，初为孙策建威中郎将，帮助孙策在江东建立孙吴政权，任前部大都督。赤壁大战之后，病卒。

周瑜年轻时身高体健，容貌非凡，并且和孙坚长子孙策同年出生，二人相为友善，两家互通有无，往来亲密无间，彼此互访时都先升入后堂拜见对方的母亲，留下"升堂拜母"的佳话。

孙策取荆州，以周瑜为中护军，领江夏太守。孙策和周瑜成为乔玄的大小女婿，在当时也传为佳话。

「怀橘遗亲」

三国时期吴郡吴县（今江苏苏州）人陆绩（公元 187—219 年，字公纪），六岁时随父亲陆康到九江谒见袁术，袁术拿出橘子招待他们，陆绩往怀里私藏了三个。临走辞拜时，橘子不小心滚落到地上。见此情景，袁术嘲笑道："陆郎来我家作客，走的时候还要怀藏主人的橘子吗？"陆绩回答说："母亲喜欢吃橘子，我想拿回去送给母亲尝尝。"袁术见他小小年纪就懂得"怀橘遗亲"，孝顺母亲，十分惊奇。

陆绩成年后，容貌雄壮，博学多识，通晓天文、历算，曾作《浑天图》，注《易经》，撰写了《太玄经注》，成为一位有学问的人。

三国时江夏黾（今湖北省孝感东北部孝昌县青山口）人孟宗（？—公元271年，字恭武），少从南阳李肃求学，初为军吏、监池司马，后迁吴（苏州）令、豫章（南昌）太守、东吴中书郎、光禄勋（郎中令），官至御史大夫。

孟宗在少年时父亲亡故，母亲年老病重，医生叮嘱需用鲜竹笋做汤才有益于身体。时值严冬，没有鲜笋，孟宗无计可施，独自一人跑到竹林里，扶竹哭泣。不一会儿，他忽然听到地裂的声音，只见地上长出数茎嫩笋。孟宗大喜，采回做汤，母亲喝了后果然病愈。

孟宗“哭竹生笋”的事情，后来被吴王孙权知道了。在当时三国之中，吴国的势力较为薄弱，孙权急需一批有影响的才俊之士来参与治理国家，增强民望，提高国力。孟宗以孝行感动天地，又熟读经书，正是可用的贤才，吴王便把他招到吴都建业，任命为司空，人称其为“孟司空”。

“孟宗哭竹”的故事，除史料传记外，后编入《二十四孝图》中。宋朝时，曾有官吏在孟宗故里筑亭刻碑，名为“孟宗泣笋台”，刻有碑文“忠泉出井、孝笋生庭”，后毁于日本侵华战争。在如今的湖北省孝昌县青山口，当地有个“哭竹港”，就是因孟宗事迹而得名。

「扼虎救父」

晋朝时顺阳（今河南淅川县东南）人杨香，很小时母亲去世，父亲含辛茹苦，把她拉扯成人。杨香为人心眼好，懂事早。她深知父亲抚养自己不容易，因此，对父亲关心备至，体贴入微，非常孝顺。

杨香14岁时，一次随父亲杨丰去田里割稻，忽然蹿出一只大老虎，扑向杨丰，一口将他叼住。杨香急坏了，一心只想着父亲安危的她，完全忘了自己与老虎的力量悬殊。好个杨香，只见她猛地跳上前去，用力卡住老虎的头颈。任凭老虎怎么挣扎，她一双小手始终像一把钳子，紧紧卡住老虎的咽喉不放。老虎终因喉咙被卡，无法呼吸，瘫倒在地上，父女俩才得以幸免于难。这就是杨香“扼虎救父”的典故。一个小女孩，徒手搏虎，并从虎口中救出了自己的父亲，其孝心和勇气令人赞赏不已。用今天的眼光看，她更是一个十足的女汉子！

晋朝豫章（今江西南昌）人吴猛，八岁时，因家贫穷，买不起蚊帐。夏天夜间蚊子极多，打不完，赶不走，而父亲又怕烟熏，年幼的吴猛实在没有办法了，突然想到：如果蚊子吃饱了就不会叮咬父亲了。于是，他每晚都赤裸着上身，在父亲的旁边，任蚊子叮咬自己。吴猛的尽孝之举朴实真诚，感动古今。

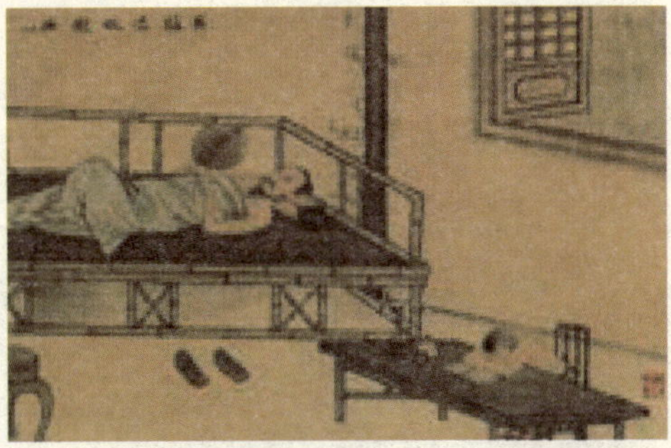

「恣蚊饱血」

南齐时期新野人庾黔娄（字子贞），任孱陵县令时，赴任不满十天，忽觉心惊流汗，预感家中有事，当即辞官返乡。回到家中，得知父亲果然已病重两日，但家人都对他的做法非常惊愕不解。医生嘱咐说：“要知道病情吉凶，只要尝一尝病人粪便的味道，味苦就好。”在场的仆人等都感觉非常为难。

黔娄于是就去把父亲的粪便拿来尝尝，发现味道有点甜，内心十分忧虑，夜里跪拜北斗星，乞求以身代父去死。几天后父亲去世，黔娄安葬了父亲，并守制三年。

“尝粪忧心”典故中的“尝粪”之举在中国历史上并非绝无仅有。春秋时期越国的国王勾践就曾经有此举动，并被世人所铭记。不过，那是他卧薪尝胆而灭吴故事中的一段插曲。当时，丞相范蠡在清扫马粪时，想起他在武当山游学时，看到一位老者为人家治病时，定要看一看粪便，对危重的病人的粪便，还要用舌尖尝一尝，才对症下药。问他为什么要尝粪便，他说：“病从口入，结于内腑，征兆在便，尝便就知是什么病从口入了。”于是范蠡才想出一计，让勾践给正处于病

「尝粪忧亲」

中的吴王夫差尝便，得以让夫差更加相信勾践诚心降服。勾践照办了，最终赢得了卧薪尝胆灭掉吴国的机会。

勾践尝粪，是忍辱负重，韬光养晦，志存高远，而庾黔娄之举如果在当时条件下尚属可信的话，他的故事后来被纳入“二十四孝”之中除了蕴含其中广泛的教化意义外，的确不具备推广价值。

「萧统」

南朝梁代文学家萧统（公元501—531年，字德施，小字维摩），南兰陵（今江苏常州）人，梁武帝萧衍长子，谥号“昭明”，故后世又称“昭明太子”。主持编撰的《文选》，又称《昭明文选》。以文才传名后世的萧统，其实还是一个大孝子。

萧统少年时即有才气，且深通礼仪，性情纯孝仁厚，喜愠不形于色。十六岁时，身为萧衍贵嫔的母亲病重了。他知道后，便从东宫搬到位于永福宫的母亲住处，朝夕侍疾，衣不解带。母亲去世后，他悲切欲绝，饮食俱废。父亲梁武帝很担心，几次下旨劝逼，并派人劝慰他：“毁不灭性，圣人之制；礼，不胜丧比于不孝。有我在，那得自毁如此！可即强进饮食。”为了免除父亲的担心，萧统只得勉强进食，但依然因“所进过少，转就羸瘵”，以致原本健壮的身材，等守丧除服后，已变得羸瘦不堪，带减腰围。“每入朝，士庶见者莫不下泣。”（《梁书 · 昭明太子传》）。

其实，萧统因丧亲守孝而导致“带减腰围”的做法并不完全符合古代有关守丧的礼仪规定。为了守丧，古人要三年不习礼、不习乐、不为官、不饮酒食肉、庐墓而居、寝苫枕块，等等，生活清苦之至，以至于哀毁骨立。但同时又要求“毁不灭性”、“不妨生以送死”，如果因悲痛伤身导致承担不了丧事，就等于不孝。所以，古礼为防止孝子哀毁过度，还有一些人性化的劝导。

宗懔（约公元501—565年，字符懔），南朝梁南阳（今属河南）人。天才聪慧，好学不倦，熟谙古事，被称为“小儿学士”。长史刘之遴向朝廷推荐，授为记室。梁元帝令其作碑文，一挥而就，元帝为之叹美。

宗懔为人讲究孝道，据《南史 · 宗懔传》记载：他后来“遭母忧去职，哭则呕血，两旬之内，绝而复苏者三。每有群鸟数千，集于庐舍，候哭而来，哭止而去。时论称之，以为孝感所致。”说的是宗懔在母亲去世后去职丁忧在家，伤心至极，常痛哭至呕血，以至于两旬之内气绝复苏的情况出现好几回。每当他大哭不止时，房舍上就会有群鸟来集，直到他不哭才相继飞走，令人称奇。当时的人们都以为是宗懔的孝行感动了群鸟。

在这个“孝感群鸟”的故事中，宗懔的孝行真实可信，但孝行感动群鸟的效果则多少让人觉得神奇而荒诞。

《孝经》云：“孝子之事亲也，居则致其敬，养则致其乐，病则致其忧，丧则致其哀，祭则致其严。五者备矣，然后能事亲。”由此看来，古人“孝”的标准非常高，要做到五者具备也并非易事。著名文学家、书法家、北宋分宁（今江西修水）人黄庭坚，则是坚守孝道非常到位的人。他自幼孝顺父母，对于奉事父母之事，无论大小，都会认真努力做好，从来没有推辞拒绝过。后来，黄庭坚走上仕途，公务十分繁忙，尽管家里有仆人料理日常事务，但他却依旧不辞劳苦，每天亲自来照顾母亲的生活点滴。

「涤亲溺器」

黄庭坚的母亲极爱干净，他也更加细心，为了保证让母亲身心安稳，避免因为仆人的卫生清洁达不到母亲的要求，而导致母亲心生烦恼，他就坚持每天亲自为母亲刷洗便桶，数十年如一日，从不间断。

黄庭坚所为符合传统孝道的基本要求，这个故事成为“二十四孝”之一，较为可信。

同样在宋代，江南有一孝女名叫张菊花。七岁那年，母亲不幸病逝，父亲续娶。菊花没有因此而分辨生养之别，对待继母恭敬，她的继母却居心不良。一天，其父外出做生意，继母乘机将她卖给人家作婢女。事有凑巧，菊花的父亲在回归途中，偶遇菊花。父女相逢，悲喜交加。当父亲问她为何沦落到如此地步时，菊花含泪不语，生怕连累继母，在父亲追问下，不得已才告之。父亲听后大吃一惊，当即将菊花赎了回来。三日后父女回到家。其父见到后妻，十分恼怒，欲将其休掉。菊花见状，当即下跪为继母求情，父亲终被其孝心感动，方才罢休。继母没有生子，其父去世后，菊花对待继母和父亲在世时一样孝敬。因此世人有诗颂曰：

一片奉心如石坚，一身被鬻亦依然。
情深跪动恕宽母，纯孝并齐闵子骞。

「《二十四孝图》之“跪父留母”」

在清朝长江口外的崇明岛上，曾经有一家吴氏四兄弟，年幼家贫，生活难以为继，父母不得已把他们卖到富家做童仆，以求能够生存。

等到他们长大后，都很勤奋节俭，最终赎身，回到家乡，合力盖起房舍并各自娶妻成家。这时，他们已经完全理解当日父母的苦心，不仅没有怨言，还争相供养父母，以示回报。起初，兄弟们商定每家供养一月。后来，贤惠孝顺的妯娌们认为隔三个月才能轮到供养，时间太长了，就改为每家供养一日。以后又改为自老大起每人供养一餐，依次排下。每隔五天，全家四房老少合聚一起，共烹佳肴，奉养父母。席上子孙、儿媳争相端菜敬酒，百般孝顺，一派合家欢乐的融洽氛围。二位老人幸福安闲，尽享天年，都活到近百岁才无疾而终。

「《二十四孝图》之“兄弟争孝”」

“兄弟争孝”的故事也被纳入古代“二十四孝”之一。

如果说“孝亲敬老”是人类的自然伦理所在，那么“思乡恋家”就是挥之不去的内心情感。

汉末文学家王粲（公元177—217年）字仲宣，山阳高平（今山东邹县）人，是著名的“建安七子”之一，以博洽著称。在七子中，其文学成就、政治地位都最高，与曹植并称“曹王”。刘勰在《文心雕龙》中誉其为“七子之冠冕”。

汉献帝初平元年（公元190年），董卓火焚洛阳，驱赶百姓与众官西迁长安，十四岁的王粲亦随父王谦西流长安。在那里，他去拜访过大文学家蔡邕。当时的蔡邕才学显著，贵重朝臣经常来蔡府作客。一天，蔡府内高朋满座，听说王粲来拜访他，蔡邕连忙离席起身，倒穿着鞋子出门迎接。众宾客以为来了什么了不起的大人物，不料蔡邕携手入座的竟是一个矮小瘦弱、其貌不扬的孩子，不免大为惊奇，从而留下"伯喈倒屣"的千古佳话。

初平四年（公元193年），王粲南下荆州，躲避长安的动乱，依附荆州牧刘表（字景升），年仅十七岁的他，便开始过着背井离乡的漂泊生活。满怀济世之志的王粲，风尘仆仆地来到荆州拜见了刘表，不料却因其"形陋"而未予重用。遭受冷遇的王粲才华无由施展，郁悒不乐，在荆州孤独羁留十五年之久，始终只是一个依附于刘表的普通幕僚，这就是"王粲依刘"的典实。王粲在刘表幕下长期得不到重用，无奈之下，只好悻悻离去，后被曹操罗致门下，成了曹操的得力幕僚。王粲在后来分析刘表失败的原因时指出："士之避乱荆州者，皆海内之俊杰，表不知所任，故国危而无辅。"（《三国志·魏书·王粲传》）言语十分中肯，令人深思。

王粲在流寓荆州十三年后的一个秋日里，登上了麦城（湖北当阳县东南）城楼，凭栏远眺，感慨万端，写下了著名的《登楼赋》。在这篇文章里，他淋漓尽致地展露了自己怀才不遇与去国怀乡、忧时感事纠结为一的心情，真切地彰显了心中的真实想法。作者在文中所要表达的重点有三：

"虽信美而非吾土兮，曾何足以少留"；

"情眷眷而怀归兮，孰忧思之可任"；

"冀王道之一平兮，假高衢而骋力。惧匏瓜之徒悬兮，畏井渫之莫食"。

总而言之，即"离乡怀归之客愁"，"怀才不遇之感慨"和"乱世思治之政治关怀"。作者胸中之悲情，全以直述之方式发露无余地抒写了出来，情真意切，毫无掩饰，直述沉痛，慷慨悲凉。后人以"王粲登楼"作为怀念故国乡土的典故。

「《元曲选》中附配的"王粲登楼"图片」

西晋文学家、书法家陆机（公

元 261—303 年）字士衡，吴郡吴县人，与其弟陆云合称“二陆”。他曾历任平原内史、祭酒、著作郎等职，世称“陆平原”。出身名门的陆机在父亲死的时候才 14 岁，他与其弟分领父兵，为牙门将。20 岁时吴国灭亡，陆机与其弟陆云隐退故里，闭门勤学长达十年，因而满腹经纶，才华横溢。

同为西晋王朝名士的王济（字武子），好弓马，善清谈。陆机去看望他，王武子在席前放了好几斛羊奶酪，指给陆机看，说：“你们江东有什么东西可与此相匹敌的？”陆机回答说：“有千里莼菜羹，只是还没有放食盐豆豉罢了！”（《世说新语·言语》）

在这个典故里，王武子是在陆机面前矜夸自己的豪奢嚣张之气。奶酪本是北方的特产，它以鲜羊奶加工制作而成，物美而价昂，非常人所能享受的。古代以十斗为一斛，王武子一下就摆出好几斛，真可谓豪奢之至。而陆机以千里莼羹与他的数斛奶酪匹敌，千里湖盛产的莼菜闻名遐迩，用莼菜煮的羹汤，也是带有吴地特产风味的名菜。

陆机才思之敏捷，言语之机巧，由此可见。而作为家乡风物的“千里莼羹”也常常是牵惹乡愁的媒介，在外漂泊的游子无论身在何处，都不会淡忘其浓浓的乡味。

晋武帝太康十年（公元 289 年），陆机和弟弟陆云来到京城洛阳拜访时任太常的著名学者张华。张华颇为看重他们二人，说：“伐吴之役，利获二俊。”使得“二陆”名气大振，时有“二陆入洛，三张减价”之说（“三张”指张载、张协和张亢）。陆机被誉为“太康之英”。

陆机养了一只名叫“黄耳”的狗。到京城当官后，由于一直没通家信，他非常挂念家里的情况。一天，他对黄耳开玩笑地说：“你能帮忙给家中传递消息吗？”这只狗听了主人的话，表现出很高兴的样子，竟摇摆着尾巴发出声音，似乎领会了主人的心意。陆机于是写了一封书信，装入竹筒，绑在狗的脖子上，爱犬沿路往南跑去，日夜兼

「“黄耳传书”」

程，终于到达了陆机的家。家人见了书信，给陆机回了信。黄耳又立即上路，翻山越岭，赶回京城洛阳。陆机的家乡和洛阳相隔千余里，人往返也需五十天，而黄耳只用了二十多天。后来，陆机常以黄耳传送家书（《晋书·陆机传》）。

黄犬死后，陆机极为悲恸，聚土为坟，把它葬在家乡村南离家仅二百步的地方，村人呼此墓为“黄耳冢”。

晋惠帝太安元年（公元302年），成都王司马颖起兵讨长沙王司马乂，任命陆机担任河北大都督。陆机率兵进攻洛阳，结果在河桥大败。因成都王长史卢志与陆机的弟弟陆云政见不合，于是乘陆机兵败之时，伙同孟玖诬陷陆机，说陆机大败是因谋反所致。于是，司马颖下令斩杀陆机并祸及弟弟陆云。陆机临刑之时，叹息道：“江东华亭那美丽的鹤鸣，我们兄弟还能听到吗？”华亭，故址在今上海市松江县西。陆机于吴亡入洛阳之前，常与弟弟陆云居于华亭别墅中，闭门读书，长达十年之久。陆机临刑之时有“华亭鹤唳”的感叹，应是追悔当初走出田园读书生活而投身宦海以展抱负，终致招来杀身之祸。

类似陆机这样直到临死才感慨生平、悔入仕途的人，不在少数。早他500多年的李斯，就是这样的人。李斯在其家乡河南上蔡郡为小吏时，夕阳西下，常与儿子们出东门，驱狗放鹰，追猎野兔，有过一段快活轻松的时光。后协助秦始皇帝统一天下，位尊权重。秦始皇死后，他为赵高所忌，终被腰斩于市。临终时，他在刑场上对同时受刑的儿子说：“牵犬东门，岂可得乎！”言下之意，不胜其悔。唐朝大诗人李白《行路难》之三，写的就是李斯、陆机在受刑临终前悔恨莫及的故事：“陆机雄才岂自保，李斯税驾苦不早。华亭鹤唳讵可闻？上蔡苍鹰何足道！”读来不禁令人唏嘘！

西晋吴郡吴县（今江苏苏州）人张翰（字季鹰），生卒年不详。有清才，善属文，为人放任不拘，时号“江东步兵”，意为“江东的阮步兵”。“步兵”，指阮籍，他曾任步兵校尉，故世称阮步兵。张翰与阮籍在性情方面有相似之处，故时人有此一比。

张翰因思念家乡菰菜、鲈鱼而毅然弃官归里的故事记载在《世说新语·识鉴》里：“张季鹰辟齐王东曹掾，在洛，见秋风起，因思吴中菰菜羹、鲈鱼脍，曰：‘人生贵得适意尔，何能羁宦数千里以要名爵？’遂命驾便归。俄而齐王败，时人皆谓为见机。”

张翰在齐王冏的东朝掾为官之时，正值西晋王朝的“八王之乱”，社会极度动荡不安。齐王冏起兵攻杀了篡位的赵王司马伦后掌握朝政大权，但不久他又被长沙王司马乂攻杀。张翰看到自身处于极度危险的境地，大有急于摆脱这个是非官场的心理。于是，在秋风吹洛阳的季节里，思家心切，说道：“人生最可宝贵的是能顺心快意罢了，怎么能旅居为官于数千里之外来求取功名爵禄呢？”

又据《世说新语》刘孝标注引《文士传》记载，张翰曾对同郡人顾荣说：“天下纷纷未已，夫有四海之名者，求退良难。吾本山林间人，无望于时久矣。子善以明防前，以智虑后。”可见，张翰早有魏晋时期士大夫不以功名为怀、追求自然率真的生活情趣，借思念家乡的菰菜、鲈鱼为名想跳出政治生活的旋涡。所以，齐王败死后，人们对他能够审时度势、及时抽身的明智选择给予了高度称赞。

仁厚慈惠 传递爱心

在生活中，每个人都具有仁厚慈惠之心，把这种心意恰当地表达出来，最终体现的就是爱心，它所带来的力量往往是不可低估的。

春秋时期的一天晚上，楚庄王（？—公元前 591）大宴群臣。他带着自己喜爱的宠妃樊姬陪侍，让她给群臣敬酒助兴。突然，一阵大风吹灭了所有的灯烛，筵席上顿时一片漆黑。这时，美人正在给一位大臣斟酒，这位臣子一看灯灭了，就趁机拉住了美人的玉手，想把她揽入怀里。美人羞恼不已，使劲挣脱开来，顺势抓掉了他的帽缨子，然后跑到庄王面前告状，要求查处那个非礼之臣。这个大臣吓得要死，简直要钻进地缝。谁知庄王没有理睬美人的要求，只对她轻描淡写地安慰

「楚庄王宠妃樊姬」

了一番，随后对群臣高声宣布说："今日欢会，各位不必拘礼，务必尽兴痛饮。点烛之前，各位请将冠缨摘掉，脱掉帽子，违者罚酒！"于是众人纷纷摘掉冠缨，去掉帽子，那个被美人抓走冠缨的大臣暗自庆幸有惊无险。这件事就这样不声不响地过去了，庄王一直也没再追究。

几年之后，晋楚两国交战，庄王被困，正在危急时刻，包围圈外突然冲来一员楚将，带兵浴血奋战，数次杀进杀出，冲乱了晋军的阵脚，终于使庄王得以突围脱险。庄王甚是惊奇和感激，事后召来那个楚将，疑惑地问道："寡人德行浅薄，对你也没有什么特殊厚待，你为什么不顾生死来救我？"谁知那个楚将"扑通"一声跪下，泪流满面地回答道："臣本来早就该死，一直在寻找机会报答大王的宽恕之恩。我就是几年前大王夜宴上那个被抓走冠缨的人啊！"

"绝缨之宴"的典故体现了楚庄王宽大的胸襟和不轻易惩处下属的仁厚之心。

孙叔敖（约公元前630—前593年），蒍氏，名敖，字孙叔，春秋时期楚国期思（今属河南淮滨）人，楚国名臣。他年幼时有一次遇到一条两头蛇，恐怕他人又会遇见，就把它打死埋掉了，事后又内心忧惧，回去后对他母亲说："我听说碰见两头蛇的人会死去。"母亲对他说："不必忧虑，你不会死。我听说过，能够积聚阴德的人，老天会以福佑报答他。"人们听说此事后，都觉得孙叔敖是个仁爱之人。后来，孙叔敖当上楚国令尹（相当于宰相），他的治国方略还没有实施，整个国人已经全部信服了。

「孙叔敖杀两头蛇」

这就是"楚相断蛇"的典故，它最早出自汉代贾谊的《新书·春秋》，在时代稍晚的刘向《新序·杂事一》中亦有记载。后用来比喻人做好事一定得好报。

期思镇位于今河南省淮滨县东南15公里处，居于大别山北麓，淮水之阴。期思城西南有埋蛇岭，系孙叔敖埋蛇处，也叫埋蛇冢，史志作敦蛇丘。因期思为古寝丘地，《嘉靖固始志》把"寝野歧蛇"列为八景之一。

西汉景帝（公元前156—前141年在位）末年，庐江（今安徽庐江西南）人文翁被朝廷派到蜀地当郡守。文翁为人好学博雅，做官仁爱，注重教化百姓。他到任后，发现蜀地偏僻落后，百姓愚陋野蛮，不识文明礼仪，就决定对他们进行教化。他首先从教化官吏、提高官吏素质入手，从郡县衙门里选出十几个聪慧灵敏、有潜质的小吏，亲自对他们进行训导，然后送他们到京城里跟着博士进修、受业，学文习礼，学习国家律令。几年后，这些人学成归来，文翁对他们委以重任。文翁又在成都兴建学官，招收各县下层官吏的子弟入学，免除他们的徭役，学有所成的就选拔为郡县各级官吏。他还常常挑选一些学官学员，在自己身边做事，接受各项任务；每次出行巡视，更是让优异学员跟随，让他们传达教令，出入闺阁。当地吏民见了这种情形，都以此为荣，争相做学官弟子，到学官（即学校）学习。有些富人还特意出钱，为子弟争取入学官学习的机会。这样，多年之后，偏僻的巴蜀之地逐渐形成了习文尚礼的风气，蜀地到京师学习的人越来越多，可以和东部齐鲁之人相媲美。到武帝时期，朝廷下令各地都效仿文翁的做法，建立学校。

这是“文翁儒化”的典故。表面上看，它不过是一个官吏把先进的文化带到偏僻落后的地区，使之得到进化的典型事例，实际上同样体现了一个好的官吏为官一方、造福人民的仁心惠举，值得人们景仰。

西汉的召信臣（字翁卿，九江郡寿春（今安徽寿县）人，生卒年不详）和东汉的杜诗，都曾做过南阳太守，且皆有善政，使人民得以休养生息，安居乐业，故南阳人为之语曰：“前有召父，后有杜母。”（见《汉书·循吏传·召信臣》《后汉书·杜诗传》）后因以“召父杜母”作为颂扬地方官政绩的套语。

秦汉时期，长江流域灌溉以汉水支流唐白河地区最为显著，唐白河的灌溉又以今河南的南阳、邓县、唐河、新野一带较为发达。唐白河地区为侵蚀、冲积平原，年降雨量约九百毫米，气候温和，适于作物生长。这里开发较早，到西汉中期经济已相当发达，农田水利在西汉后期有了突飞猛进的发展。

汉元帝时（即公元前48—前23年），南阳太守召信臣对此地的水利和农业生产有特殊贡献，受到当地百姓的拥戴，被誉为“召父”。

「召信臣带领农民兴修水利」

至东汉时期，南阳的水利事业进一步兴盛，太守杜诗在这方面作出了很大成绩，促进了当地农业生产的发展。史载，杜诗“修治陂池，广拓土田，郡内比室殷足”。故南阳人歌之曰：“前有召父，后有杜母。”即将杜诗誉为“杜母”，与“召父”（召信臣）相提并论，以颂扬二人都是老百姓的“父母官”。

百姓把管理自己的官吏比称作“父母”，可见官吏与百姓间的关系的确非同一般。当然，真正能被百姓视作“父母”的官吏，一定是仁厚慈惠兼具的好官员。

东汉时，庞参（？—公元136年，字仲达，河南缑氏人）担任汉阳太守之时，听说汉阳郡有个叫任棠的人，节操奇特，隐居不仕，以教学授徒为生。有一天，庞参慕名前去拜访他。到了任家，庞参派人向他说明了来意，然后就在门前等候。过了好大一会儿，任棠才出来，但他并不理睬庞参，却拔了一棵大薤菜，端了一盆清水，不声不响地放到大门屏风前，然后自己抱着孙子在门前趴着，一言不发。

看到这个情景，随行的主簿对庞参说：“任棠这人太傲慢了！”庞参没有说话，猜测着任棠这些行为中肯定蕴藏着一定的深意。沉思良久，他对属下说：“我明白了，任棠这些做法是在暗示我这个做太守的应该做到的地方：放一盆清水，是要我清正廉明；拔一棵大薤，是要我打击豪强；门前抱童，是要我深入百姓家门抚恤孤儿。总之，是要我为民做主啊！”于是，庞参叹息而还。

「鳞茎数枚聚生、不易拔出的薤」

后来，庞参在任期间果然能够抑强助弱，施行惠政，深得汉阳民心。（《后汉书·庞参传》）

“任棠拔薤”的典故耐人寻味。他之所以拔一棵“薤”来做示意，也算是煞费苦心。薤是百合科葱属多年生草本植物的地下鳞茎，又名藠（jiào）头，小蒜、薤白头、野蒜、野韭等。其鳞茎数枚聚生、不易拔出的特点非常近似于地方豪强暗中勾结钻营、难以清除的特征。好在善于动脑筋的庞参明白了任棠的用意，并能从中悟出自己为官的目标，也算得上是一个好官员了。

东汉时期泰山平阳（今山东泰安）人羊续（公元142—189年，字兴祖），曾历任庐江、南阳两郡太守多年，但他为官清廉奉法，在南阳郡太守任上，廉洁自守，从不以权谋私，赴任后数年都未回家乡探亲。一次，他的夫人领着儿子从老家千里迢迢到南阳郡看望丈夫，不料被他拒之门外。原来，羊续身边只有几件布衾和短衣以及数斛麦，根本无法招待妻儿，遂不得不劝说夫人和儿子返回故里，自食其力。

任职期间，他也从不请托受贿。刚到南阳郡上任不久，他属下的一位府丞给他送来一条当地有名的特产——白河鲤鱼。羊续拒收，推让再三，这位府丞执意要其收下。当这位府丞走后，羊续便将这条大鲤鱼挂在屋外的柱子上，风吹日晒，成为鱼干。

不久，这位府丞又送来一条更大的白河鲤鱼。羊续把他带到屋外的柱子前，指着柱上悬挂的鱼干说："你上次送的鱼还挂着呢，已成了鱼干啦，请你一起都拿回去吧！"那位府丞羞愧万分，只好悄悄地把鱼取走了。

「悬鱼示廉的羊续」

此事传开后，南阳郡百姓无不称赞，敬称其为"悬鱼太守"，也不再给羊续送礼了。

羊续的为人在古代官吏中极为难得罕见，其行为令人敬慕。

姚崇（公元650—721年，本名元崇，字元之，避唐玄宗"开元"年号讳，改名姚崇），祖籍江苏吴兴。历任武则天、唐睿宗、唐玄宗三朝宰相，有"救时宰相"之称，是中国历史上著名的宰相。特别是在玄宗朝早期为相，对"开元之治"盛世局面的出现贡献尤多，影响极为深远。

姚崇曾担任过荆州（今湖北江陵）的长官，在荆州三年，他为百姓办实事，深得百姓喜爱。到了别人接替姚崇管理荆州的那一天，荆州城所有的百姓全部上街相送。百姓官吏们拉住马头，哭泣相留，将整个街道完全遮住。姚崇离去时，他所骑马的马鞭、马镫，百姓全都给截留了下来，以表达对这位好官的深深留念。新到的长官将这件事上报之后，唐玄宗下令赐给姚崇黄金千两作为奖赏。（唐冯贽《云仙杂记》、五代王仁裕《开元天宝遗事》）

“截镫留鞭”的典故说明，一个官吏，只要为民着想，施仁惠于民，百姓就不会忘记。

仁惠之心不仅仅体现在造福于民的大事上，同样可以是具体而微的小事情上。

东汉时，南阳人宋均升迁为九江太守。当时，九江郡境内有很多老虎，经常伤人，成为百姓们的一大祸害。以往的太守常常招募猎手设置陷阱、围栏，试图用猎捕的办法来消除虎害，但收效不大，虎害依然猖獗。

宋均到任后，对于如何消除虎害的问题，没有沿用前任太守的老办法。他对这个问题有独特的看法和解决的措施。他给下属各县发布文告说："虎豹在山里，龟蛇在水里，它们都生活在各自的环境里，山水是它们依托生命的场所。江淮一带有猛兽，就像北方有鸡和猪一样，实属正常。现在真正祸害民众的，是贪官奸吏。大动干戈、劳师动众去猎捕野兽，并不是抚恤百姓的根本办法。当务之急，是整肃官风吏治，除贪去奸，除暴安良，除恶扬善。”他下令各地拆除用于围猎的栏槛和陷阱，同时取消各种苛捐杂税。宋均按照文告中提出的主张进行治理，境内逐渐出现了太平景象。相传，九江境内的老虎看到这种状况，不忍再在此地为害，就一起向东渡过长江，到别处去了，九江的虎害自然也就不复存在了。

北宋时期的宋庠、宋祁兄弟以文才著名于世。而发生在他们身上的仁惠之举则就细微多了，也同样值得我们关注。

宋庠（公元996—1066年，初名郊，字伯庠），入仕后改名庠，更字公序。祖籍河南雍丘（今民权县双塔集），出生于安州安陆（今湖北安陆），幼年与其弟宋祁（公元998—1061年）随父在外地读书，稍长离父还乡。据宋欧阳修《归田录》卷上记载："宋郑公庠，初名郊，字伯庠，与其弟祁自布衣时名动天下，号为‘二宋’。其为知制诰，仁宗骤加奖眷，便欲大用。有忌其先进者谮之，谓其姓符国号，名应郊天。又曰郊者，交也，交者，替代之名也。宋交，其言不祥。仁宗遽命改之。公怏怏不获已，乃改为庠，字公序。公后更践二府二十余年，以司空致仕兼享福寿而终。而谮者竟不见用以卒，可以为小人之戒也。”

天圣二年（公元1024年），兄弟同举进士，礼部奏宋祁第一，宋庠第三，章献太后（宋真宗之配，宋仁宗嫡母）不欲以弟先兄，乃擢宋庠第一，而置宋祁第十，故有兄弟“双状元”之称，后皆为北宋大臣。

据《应山县志》载：“二宋”少年时随父寓居应山法兴寺读书，见蚂蚁为雨所溺，即以竹代桥渡之。绍圣间（公元1094—1098年），太常少张来于此（今广水市西原应山县城南郊）立桥以表其仁爱之心。在今湖北省随州广水市西原应山县城南郊有一座桥梁名渡蚁桥，即是为纪念宋氏二兄弟以竹渡蚁而建。乡人还相继建有乡圣祠、联芳坊、双璧坊、状元坊等以资纪念。后世戏剧中有名《渡蚁》者，就是根据二兄弟雨中渡蚁之事而编演的剧目。

不过，讲仁慈也要有个度，否则滥施仁惠，往往适得其反。

春秋时期的宋国本是中原小国，国君宋襄公（？—公元前637年）却不自量力，也想在诸侯中称霸，不时地欺凌比宋国更弱小的国家。宋襄公即位第十三年夏季，他带兵攻伐郑国。郑国向楚国求援，楚国就出兵伐宋救郑。这年冬天，楚成王带大兵来到泓水岸边，准备渡河攻宋，宋襄公也带兵在对岸做好了迎战准备。楚兵开始渡河时，宋国的相国目夷向宋襄公建议趁机攻打，襄公不同意，说等楚人过了河再打，现在打是趁人之危，不仁义。等楚兵完全渡过河，在河边布阵时，目夷又建议趁机攻打，襄公仍然不同意，说等楚人布好阵势再打，现在打仍然是趁人之危，还是不仁义。

等到楚兵列好阵势后，襄公才下令出击，结果宋军被楚兵打得一败涂地，连襄公自己也被击伤了大腿，走路一瘸一拐的。宋国军民都怨恨襄公，可是他却辩解说：“君子要讲求仁义，不能趁人之危，不能伤害已经受伤的人，不能捉拿头发斑白的人。”这个不懂战争却盲目标榜仁义的宋襄公，第二年因伤重而死，给后人留下了笑柄。他所标榜的仁义也被人们讽刺为

"襄公之仁"。

宋襄公在春秋乱世之际空谈君子风度，显然不切实际，他为了坚守迂腐的信条，最终使自己在军事斗争中处于被动，以致受辱，实际上是滥用仁义。因而，所谓的"襄公之仁"就不足取了。讲礼要在适合讲礼的时候，曾子云："国无道，君子耻盈礼焉。"（《礼记·檀弓下》）何况战争之时！

相传周代末年的时候，蜀地有一个贤明的君主，名叫杜宇。他勤政爱民，谦虚谨慎，德高望重，深受百姓拥戴，被人们称为望帝。有一年，蜀地不幸发生了严重的水灾，杜宇带领百姓与洪水搏斗，但由于他只擅长农耕不擅长治水，所以一直不见成效，洪水依然肆虐。这时，一个外号叫鳖灵的荆州人因为胡作非为，犯了死罪逃到蜀地。他得知蜀王正为水灾而发愁，就前去拜见杜宇，自称擅长治水。杜宇听说鳖灵会治水，正求之不得，又见他能说会道、精明能干，于是略加考察，就任命他为丞相，让他领导治水。鳖灵果然治水有方，很快就消除了洪灾。望帝心地纯真，他治水无功，内心本来就觉得有愧于民，现在见鳖灵为民除害，劳苦功高，就执意禅位于他，号召百姓服从鳖灵的领导，然后自己躲到西山隐居修道去了。谁知那鳖灵本性难移，劣性未除，即位后就一反常态，暴露出真实面目，骄奢淫逸，横征暴敛，弄得民不聊生，百姓怨声载道。望帝得知这个情况，痛心疾首，有心复位，却未能得到鳖灵的答应。望帝无法挽回局面，懊悔不已，更觉得对不起蜀国百姓，整日忧心忡忡，最后郁郁而死。

「四川郫县望丛祠里的望帝」

据说，望帝死后灵魂化为杜鹃鸟，叫声非常哀怨凄苦，甚至有时嘴角竟啼出殷红的鲜血来。

望帝至死也没有忘记他的百姓，每年早春时节，已经化成杜鹃的他都要在山中呼唤"布谷，布谷"，提醒百姓及早播种，不误农时。因此，人们又将杜鹃称作布谷鸟。

“杜鹃啼血”的典故说明：仁厚慈惠之举一定要使用得当，即便是针对自己信任的大臣也必须如此。

在中国历史上，仁厚慈惠的大小官吏难以计数，他们的相关事迹也数不胜数，只不过很多事迹并没有凝固为典故，没有被后人频频提及、屡屡征引，因而掩映在历史记忆的丛林中，不那么显现。但其中所蕴含的深深爱意，则曾经温暖过许多人，更永远温暖着能够记起他们的每一个人。长江流域内的相关典故并不多见，但一个个典故所传递出来的爱意则是真实感人的。

| 前尘影事　警世鉴人 |

滚滚长江东逝水，浪花淘尽流年。但淘洗不尽的前尘影事则永远不会被世人忘记，因为它们其中的江山代谢、是非善恶、军事外交等相关故事，一直值得人们探讨、谈论，以期从中汲取教训，吸收营养，也将长期是流域内人们为人处事的一面面镜子。

江山代谢 兴亡有因

江山代谢，朝代更替，似乎如大江东去，自然而然的发生，其实走进某一段历史，扒开一个个陈迹，可以发现其中自有其原因所在。

春秋后期，楚灵王（公元前 540 —前 529 年在位）即位后，凭借先代的基业，东讨西伐，终于在会盟中压倒晋国，重做霸主。但是他的霸业完全依靠武力和威压，而不是威德并用，诸侯大多心中不服，国内也有大量不稳定因素。灵王不思稳固政权基础，反而再次出兵与吴国争夺徐国（今徐州一带）。公元前 530 年冬天，灵王派几名将领带兵包围了徐国，自己率军驻扎在附近的乾溪，以狩猎为名，作为后援。

「楚灵王」

雪后的一天，灵王外出狩猎，晚上归来时，重臣子革进见，灵王就和他探讨了一些问题。灵王问子革："齐、晋、鲁、卫四国都得到了周天子赐予的礼器，而楚国却没有，如果现在向周天子索取，天子会不会给？"子革回答："肯定会给！楚国的祖先只因当时不是周天子的亲戚，天子就不重视。今天可不一样了，周天子害怕我们，齐、晋、鲁、卫都服侍我们，天子哪敢不给！"这话很对灵王的胃口，他继续问道："许（即许昌）这个地方，原本是楚国祖先的封地，后来被郑国人占领了，如果楚国现在去索取，郑国会不会给我们呢？"子革回答："肯定会给！周天子都不敢不给我们礼器，郑国怎么敢不给我们土地？"灵王听了这两个回答，极为高兴，于是又问道："原先晋国称霸中原，是因为晋国离中原比较近，楚国离中原比较远。现在我们在中原建立了四座大城，都可以出动一千辆兵车，诸侯应该害怕我们了吧？"子革回答："肯定会害怕啊！这四个城池的兵力足够威慑诸侯了，何况还有楚国本土的兵力呢？谁敢不害怕大王啊！"

这时，工匠官进来请灵王去视察玉器的制作。大臣析父趁灵王走开了，就对子革抱怨道："您是我们楚国很有名望的人，现在大王问你话，你只知道随口附和，我们国家该怎么办啊？"子革自信地回答："我刚才是在语言上磨刀子以等待时机呢（摩厉以须），等一会儿大王出来，我的刀刃就要砍下来啦！”（《左传·昭公十二年》）灵王从工匠那里出来了，碰巧史官倚相正好经过。灵王就指着倚相说：“这是我们楚国的良史啊，能读《三坟》《五典》《八索》《九丘》这些古书。”子革不屑地说：“我曾经问倚相，周穆王在位时喜欢到处游玩，大臣祭公作了一首《祈招》之诗以谏阻穆王的欲望，结果穆王果然没有遭到祸乱，得到了善终。可是倚相居然不能背诵《祈招》，这算什么博学啊？”灵王来了兴致，要子革背诵《祈招》。子革就背诵道：“祈招的音乐多么和谐啊，表现了美德的声音。我想起我们君王的德行，如玉似金。他爱惜百姓的力量，而没有像醉饱一样的贪心。”灵王理解了子革的意思，向子革表示感谢。不过，子革的谏言虽然打动了灵王，此后几天灵王饭也吃不下，觉也睡不着，但过了没几天，楚灵王还是没能克制自己而参战，最终遇难而亡。

灵王要子革背诵的《祈招》，相传是周穆王（公元前1001—前947年在位）的大臣祭公谋父为了让穆王放弃周游天下的打算而作，其诗曰：

“祈招之愔愔，式招德音。思我王度，式如玉，式如金。形民之力，无醉饱之心。”

祭公谋父的这首谏诗最终阻止了穆王，“王是以获没于祗宫”。

“摩厉以须”（磨砺以须）的典故说明，凡事都应该提前做好各种准备工作，这样解决问题时就会从容而能达到最佳效果。

公元前531年，贪婪残暴的楚灵王诱杀了蔡侯，继而灭了蔡国，随后在陈、蔡等地筑城，打算安置身为王子弟弟的弃疾，让他去做蔡公。

为此，楚灵王向大臣申无宇征求意见，申无宇表示不赞同，他说：“选择儿子没有比父亲更合适的，选择臣子没有比君主更合适的。郑庄公在栎地筑城安置公子子元，结果使后来的郑昭公王位不稳；齐桓公在谷地筑城安置管仲，结果到现在还使齐国得益。我听说，五种大人物不能在外边，五种小人物不能在朝廷；亲近的人不能在外边，寄居的人不能在里边。现在弃疾在外边，郑丹在里边，大王要稍加戒备才好。”楚灵王问：“那么，把国都的城墙加高加厚如何？”意思是说，这样就没有被政变攻破的危险了。申无宇认为这样仍然无济于事，他举了多个例子并得出结论说：“在郑国的京地、栎地之间发生了昭公被杀事件，在宋国的萧地、亳地一带发生了公子子游被杀事件，在齐国的渠丘发生了公孙无知被杀事件，在卫国的蒲地、戚地一带发生了卫献公被逐事件。外部臣子的势力太大，就会威胁国家。”他又打了一个比方说，“树枝大了，树头必定折断；尾巴大了，鱼身必定摆不动。”

申无宇这些见解很高明，但并没有使楚灵王警觉，他仍然一意孤行，派弃疾去赴任，结果埋下了祸根。第二年，悲剧就发生了。弃疾在蔡国旧臣的唆使下，趁楚灵王到远方打猎之机，带兵攻进都城，杀死了灵王的两个儿子，并派人瓦解了灵王的部下，使其成了孤家寡人。最后，楚灵王走投无路，只好上吊自杀了（《左传·昭公十一年》）。

这则“尾大不掉”的典故含有“末大必折”，本指树木枝端粗大，必折其干。同样比喻下级权重，会危及上级。

楚灵王也是个有名的昏君、暴君，他在位期间穷奢极欲，胡作非为，穷兵黩武，最后落了个死于荒郊野外的下场。

干将是春秋末著名冶匠，相传为吴国人，与欧冶子（公元前514年前后）同师，善于铸造兵器。曾为吴王阖闾铸剑。后来，他和妻子莫邪给楚王铸剑，三年后才铸成雌雄二剑。楚王很生气。此时莫邪怀有身孕，即将临产。干将料定楚王会杀掉自己，便对妻子说：“你生下孩子，假若是个男孩，等他长大成人，告诉他：‘出门望着南山，松树长在石头上，剑就在松树背上’。”于是干将就带着雌剑去见楚王。楚王见只带来了雌剑，大发脾气，果真把干将杀了。

「侠客欲砍楚王头」

等到他们的儿子赤长大成人，知道了事情的原委，并得到雄剑，日夜都想找楚王报仇。恰好楚王也梦见一年青人额头很宽，说是想要报仇。楚王就悬千金重赏，捉拿这年青人。赤听到这个消息就逃走了，逃进山中边走边唱。一个侠客遇见赤，对赤说：“你年纪这么小，为什么哭得这么悲伤呢？”赤便如实相告。侠客说：“听说楚王悬千金重赏要得到你的头。把你的头和剑拿来，我替你向楚王报仇。”赤说：“好极了！”立马就自杀了，割下头后，两手捧着头和剑送到侠客面前，身躯直立不倒。侠客说："我不会辜负你！"赤的尸身这才倒下。

侠客拿着赤的头去见楚王，楚王非常高兴。侠客说："这是勇士的头，应当在滚烫的镬中把它煮烂。"楚王就按着侠客的话去办，煮了三天三夜也没把头煮烂，头还从滚烫的水中跳起来，瞪大眼睛，显出怒气冲冲的样子。侠客说："这年青人的头煮不烂，希望大王亲自到镬旁观看，这头就一定会煮烂。"楚王就到镬旁观看。侠客用剑对准楚王的头砍下去，楚王的头随着剑势掉入沸水中。侠客也对准自己的头砍下，头又坠入沸水中。三个头一起煮烂了，不能识别。人们只好从沸水中分出烂肉和三个人头一块儿埋葬，所以笼统地称作"三王墓"。地点在当时汝南境内的北宜春县。

相传太阿剑是古代名剑，也叫"泰阿"、"太哥"，是春秋时吴国铸剑名工欧冶子、干将所铸，使用起来，让人犹如雄狮一般勇猛，是威道之剑，非帝王而不能用。

又相传，楚王曾得到此剑，并用血祭祀，随身佩带。后来，晋王得知楚王得到太阿，非常嫉妒和艳羡，便威胁楚王交出。楚王不从，晋王就以此为借口发兵攻楚。晋军一路势如破竹，楚国军队节节败退。最后，楚国仅存都城，楚王被围其中。晋王兵临城下，再次索剑。楚王立志抵抗到底，他让晋国使者回复晋王，自己将会在晋军攻城之时，站在城头督战，城破之时自己就用太阿自刎，然后让旁边的侍卫把剑沉入湖底。

第二天，晋军猛烈攻城，楚王站在城头督战。铺天盖地的晋国兵马向都城涌来，眼看城破在即，楚王猛地拔出了太阿之剑。那太阿剑顿时生出一股磅礴之气，一举消灭了二十万晋军，楚国于是转败为胜。

春秋时期吴国的吴王阖闾（？—公元前496年）死后，其子夫差即位。他刚愎自用，又宠信佞臣太宰伯嚭，对得力大臣伍子胥日渐怀疑、疏远、冷落。夫差妄图称霸中原，一意孤行要放弃近敌越国，远道去攻打齐国。而伍子胥清楚地认识到，越国才是吴国的心腹之患，必须首先予以消除。于是，伍子胥就屡次对夫差直言劝谏，但夫差一点都听不进去，甚至还大为不悦，认为伍子胥是有意与他作对。

伯嚭本来与子胥有怨，他见伍子胥与吴王的关系闹得非常僵，就趁机用谗言向夫差诋毁伍子胥，说伍子胥劝阻吴王伐齐是不怀好意。夫差听了，信以为真，对伍子胥更加恼怒，就凶狠地派人赐给伍子胥一把剑，令其自杀。伍子胥接到命令，仰天长叹，感慨不已，然后对亲信们说：“我死之后，把我的眼珠挖出来，挂到都城东门之上，让我亲眼看到越人是如何入侵并灭掉吴国的。”夫差听说这话后大怒，命人把子胥的尸体裹上鸱夷皮革，扔进江里任其漂浮。自杀殉国是伍子胥自己的悲剧，更是吴国的悲剧。后来，吴国果真被越国所灭。

「伍子胥殉国」

这就是“抉目吴门”的典故。它还含有“心腹之患”。相传，伍子胥被杀、投尸江中后，吴地一带居民不但立祠，还以龙舟竞渡的方式纪念他。因为这一天恰为农历五月五日，姑苏城（今苏州）百姓为纪念他，就形成了端午节祭奠伍子胥的传统，延续至今。照此推算，吴地端午龙舟竞渡的历史比楚地祭祀屈原早了200多年。

春秋末期，越王勾践（约公元前520—前465年）经过十年卧薪尝胆、励精图治，终于使越国强大起来。而吴王夫差在打败越国之后，就沉溺于享乐，国力逐渐下降。这一年，吴国遭受了严重的旱灾，庄稼大量减产，百姓生活困难。勾践看时机成熟，就出兵围困吴国，但却不与吴军交战，而是避其锋芒，待其自耗。三年之后，吴军终于自己崩溃了。吴王带着谋臣和贵族们逃到姑苏台上，派王孙雒向越国求和。

面对这种状况，勾践有点动心了，打算答应吴国。上大夫范蠡进谏说：“我听说圣人的成功，在于利用天时。得了天时还不成功，天时就转到相反的方面去了。现在君王迟迟不能决断，难道忘记会稽之耻了吗？”勾践就拒绝了吴国的求和。不久，那个吴国使者又来了，措辞越发谦卑，礼节越发恭敬，勾践又打算答应他。范蠡又说：“谁使我们整日忧劳国事的呢？不是吴国吗？同我们争夺三江五湖利益的，不也是吴国吗？我们辛辛苦苦谋划了十年，却又一旦尽弃前功，怎么可以呢？”越王就让范蠡去回绝使者。

于是，范蠡左手提着鼓，右手拿着鼓槌，答复王孙雒说：“过去上天给越国降下灾祸，让越国受制于吴国，而吴国却不接受。现在上天一反此道，叫我们报复吴国。我们君王怎敢不听上天的命令，而听从吴王的命令呢？”王孙雒吓唬说：“古人有句话说：‘不要助天作恶。助天作恶的人不吉祥。’现在我们吴国的稻米和虾蟹都吃光了，您还要助天作恶，不怕遭报应吗？”范蠡用调侃的语调说：“尊敬的王孙大夫呀！从前我们的先君是周王朝不大成气的子爵，所以只能远远地住在东海之滨，和鼋鼍鱼鳖相处，同虾蟆共居。我们虽然面貌像人，但实际上跟禽兽差不多，怎么懂得你说的这些巧辩的话呢？”王孙雒说：“看来范先生一定要助天为恶了，助天为恶是要遭到厄运的。请让我再见越王一面向他告辞。”范蠡说：“不必了，我们君王已经全权委托给管事的人了。你走吧，免得管事的人得罪了你。”吴国使者只得悻悻地走了。

到了战国时期，魏惠王（公元前369—前319年在位）为了向楚国示好，派人给楚怀王（公元前?—前296年）送去一个绝色美人。楚怀王见了这个美人，非常喜欢，便对她宠爱有加。楚怀王的夫人叫郑袖，她为人阴险毒辣，心里对这个美人受宠非常嫉妒，但一点也没有表现出来；相反，她也假装非常喜欢魏美人的样子，在衣食住行各方面细心周到地关照她，比如服装、玩物等都挑魏美人喜欢的送去，卧室、卧具等都按魏美人中意的布置，“喜欢”的程度简直都超过了楚怀王，令怀王大为感动。郑袖确信自己取得了楚王和魏美人的信任后，就找个机会对魏美人说：“我们大王喜欢你长得美啊，不过，有一点啊，他不喜欢你的鼻子。你如果再见到大王时，一定要捂住自己的鼻子。”魏美人见郑袖平日对她这么好，对她的这番话就信以为真了，后来又见到楚怀王时果真捂住了鼻子。楚怀王过后感到很纳闷，就问郑袖是什么原因。郑袖见两人都中了自己的圈套，心中暗喜，但故作神秘地回答说：“这个原因我知道，但是不好对大王说啊。”楚怀王更感到奇怪了，就继续追问，于是，郑袖这才将“实情”相告：“她说，她讨厌闻到大王身上的气味，说是臭得难闻！”楚怀王一听，勃然大怒：“岂有此理！她简直太放肆了！”楚

「郑袖诱惑楚怀王」

怀王当场下令，割掉魏美人的鼻子，而且不许违抗命令。可怜的魏美人，糊里糊涂地被割掉了鼻子，还不知道究竟是怎么回事呢。（《战国策·楚策四》）。郑袖就这样又得到了楚怀王的专宠。后来楚怀王要张仪帮他搜求美女，郑袖恐惧，于是又以重金贿赂张仪。张仪只好以“遍行天下，未尝见如此美者”来应付楚怀王，此事得以作罢。郑袖还干涉朝政，收受贿赂，放走张仪，让楚国终至“兵挫地削，亡其六郡，身客死于秦，为天下笑”。

刘巴（？—公元222年，字子初），东汉时期零陵烝阳（今湖南零陵一带）人。刘巴年轻时就很有名气，荆州牧刘表多次征用，他都不去，后为曹操掾属。曹操派他去招降长沙、零陵、桂阳等郡，适逢刘备占据了这三个郡，刘巴不能回去向曹操复命，于是远奔交趾，不久到了四川，依益州牧刘璋。

建安十六年（公元211年），刘璋因防汉中“五斗米”教教首张鲁攻蜀，就派遣谋士法正从荆州迎接皇室宗亲刘备入川，帮助他征讨张鲁以及守川事务。为此，刘巴劝谏刘璋说：“备，雄人也，入必为害，不可内也。”意思是说，“刘备，天下枭雄，入川必为害，不可使之入川。”刘璋不听，请刘备入川。当刘备进川以后，刘巴又一次进谏说：“若使备讨张鲁，是放虎于山林也。”意思是说：“假使让刘备征讨张鲁，这等于把老虎放入山林。”刘璋又不从，于是，刘巴称疾闭门。

刘备进攻成都时，对刘巴特别关照，曾号令军中“其有害巴者，诛及三族”。（《三国志·蜀书·刘巴传》裴松之注引《零陵先贤传》）攻占成都后，慕其高义，以其为尚书令，文诰策名皆出其手。

唐玄宗天宝十五年（公元756年），“安史之乱”的叛军攻破潼关，进逼京都长安，玄宗为躲避战乱，率姬妃臣僚向西蜀仓皇进发。当他们到达兴平县马嵬驿（今陕西兴平县西北二十三里）时，将军陈玄礼等人认为此次祸乱全系宰相杨国忠欺上瞒下，误用奸佞酿成，当即鼓动军士逼唐玄宗将杨国忠斩首，因害怕报复，又逼玄宗赐死了杨贵妃。七月十七日，玄宗一行到了梓潼七曲山的上亭驿，夜宿馆驿。当夜阴雨濛濛，与不久前杨玉环痛死马嵬驿的情景极为相似。于是他见景生情，又忆起了曾经朝暮相处的杨玉环，长叹一声后，不禁热泪盈眶，一时难以入眠。夜半风起，驿亭檐角的铜铃不时响起清脆的声音。

唐玄宗怅然而起，急问身旁侍臣黄幡绰：“铃作何语？”黄曰：“陛下特郎当！”玄宗怆然一笑，喃喃自语地说：“翠翠红红，处处莺莺燕燕，穷尽一时风流梦；风风雨雨，年年暮暮朝朝，惹就几多相思情。”黄幡绰亦怅然叹道：“细雨霏微七曲旋，郎当有声哀玉环。爪牙厚重纲纪乱，前程飘渺路茫然。”玄宗亦采其铃声，作《雨霖铃曲》，以曲寄寓“行宫见月伤心色，夜雨闻铃肠断声”的心绪。

「“明皇闻铃”遗址」

据清王士禛《香祖笔记》卷九记载：“蜀道有郎当驿，即明皇雨中闻铃声处。予丙子岁过之，题诗驿壁云：‘金鸡赐帐事披猖，河朔从兹不属唐。却使青骡行万里，三郎当日太郎当！’‘三郎郎当’，黄幡绰对明皇语也。”另据记载，唐玄宗一行南逃途经上亭驿留宿时，正值风雨潇潇之夜，不知是从馆驿的檐下，还是从那些驼马的颈下，传来一阵丁零当啷的响声。玄宗听了心神恍惚，彷佛是天国里的玉环在连声呼唤自己的昵称，就对身边的黄幡绰说，“这铃声颇似人语。”黄幡绰答道：“是啊，是啊，好像在说‘三郎郎当，三郎郎当’。”李隆基是唐睿宗李旦的第三个儿子，宫中呼为“三郎”。他晓得黄幡绰这话是说给他听的，不觉面带愧色而无奈苦笑。

唐玄宗李隆基特别宠爱杨玉环，封她为贵妃，使得杨家鸡犬升天，其堂兄杨国忠更是官运亨通，做了宰相，还兼领四十余个使官，大权在握，朝廷官吏的选任往往都在他家里私下决定。

当时，陕西有个叫张彖的进士，读了书以后一直没有机会做官。他的朋友们都劝他去拜见一下杨国忠，那样立刻就能升官发财。可是他始终不去，反倒对劝他的朋友说：“你们都把杨国忠看得像泰山一样稳固，可是我以为他不过是一座冰山罢了。将来天下有了动乱，他就会垮掉，好比冰山遇到太阳化掉一样，到那时候你们就失掉靠山了。”

杨国忠独揽大权后，专权跋扈，民怨沸腾，终致不可收拾，“安史之乱”爆发。安禄山攻下京城长安，杨国忠随同唐玄宗逃往四川，在马嵬驿

「马嵬赐死（局部）」

被士兵杀死，杨贵妃也被缢死，杨家这座冰山果然塌倒了。

马殷（公元852—930年，字霸图），原籍许州鄢陵（今河南鄢陵），五代十国时楚国第一代君主。唐乾宁元年（公元894年），随刘建锋率部入湖南，据潭州，被授为马步军都指挥使。乾宁三年，刘建锋为部曲所杀，马殷被推为主帅。随即略取邵、衡、永、道、郴、朗、澧、岳等州，统一湖南，任武安军节度使。朱温建立后梁，马殷受封为楚王。后唐天成五年（公元930年）病卒。

关于马殷的评价，历史上有两种截然相反的记载。其一认为，后唐灭梁，马殷建国承制，自置官属，建楚王天宫幕府，任用高郁、吕师周等人，采取一系列政策措施，保持楚境的独立和地方安定，发展经济，使楚国在五代十国中强盛一时。其二则说，朱温篡唐自立之后，为了安抚马殷，便把他封为楚王，驻守湖南、广西等地。但是马殷只懂享受，毫无作为，治国无方，扰民有术，百姓十分瞧不起他，于是背地里给他取了个外号为“酒囊饭袋”。（宋陶岳《荆湘近事》）

朱元璋（公元1328—1398年），濠州钟离（今安徽凤阳）人。在未登基前就酷爱对联，故有“对联天子”的雅称。

元末，天下大乱，民不聊生，朱元璋想造反举事。一天，大雪纷飞，天气寒冷，他在路上遇到了好友葛恩，于是口占下联曰：“天寒地冻，水无一点不成冰。”葛恩沉思片刻，沉着地对出上联：“国乱民愁，王不出头谁作主”。朱元璋听后，暗自高兴。

后来率军大胜元军后，在驿站小憩时见有一名7岁儿童代父服役，便问道：“你会对句吗？”童子答道：“会。”朱元璋便出上联曰：“七岁儿童当马驿”，儿童上下打量朱元璋一番，随口以“万年天子坐龙庭”相对。朱元璋大喜，下令免其劳役。

在率军攻打姑苏城（今苏州）时，为了鼓舞士气，他以拆字法出了下联：“天下口，天上口，志在吞吴。”军师刘伯温随即以同样方法对出上联：“人中王，人边王，意图全任。”刘伯温的联意是一定会把朱元璋“吞吴”意图作为最重要的任务来完成。朱元璋听完大喜道：“军师知我也。”

定都南京称王后，朱元璋曾传旨曰：不论文武百官，还是平民百姓，都要张贴春联。他还经常微服私访，有一天，见到一户人家门口没贴春联，便上前询问。原来此人家以阉苗猪为业，家里并无人会写字，一时又未请到秀才来写，正在为此事犯愁哩。弄清原委后，朱元璋自荐说：“我来替你写一副吧！”他根据户主的职业特点，展纸挥毫：“双手劈开生死路，一刀割断是非根。”朱元璋视察完返回时，发现这家仍未把他亲自撰写的春联贴到门上，不禁大怒。户主连呼：“皇上走后，我们才知道这是千古难得的御赐墨宝，已经把它悬挂在中堂，正在焚香祝圣呢！”朱元璋听罢，转怒为喜，命侍从赐户主白银30两，以彰其一片忠心。

「朱元璋」

一日，朱元璋在四子朱棣和孙子朱允炆的陪同下观看赛马。他见骏马飞驰，四蹄生风，偶得上联：“风吹马尾千条线”，并让一子一孙分别对出下联。朱允炆抢先对道：“雨打羊毛一片毡。”太祖听后，认为对句太软弱，无气势，不悦。又让儿子对，朱棣对道：“日照龙鳞万点金。”太祖欣喜，频频点头称赞。

一日，朱元璋微服出访，途中遇到担藕叫卖的农夫，便触景生情，口占五言上联曰：“一弯西子臂”，并让农夫对下联。农夫看看藕孔，应声对出下联：“七窍比干心。”农夫对得如此快速、工整，大出朱元璋所料，他非常高兴，即封其为“祭酒”（官职名）。

某日，朱元璋又微服来到一茶馆，与一正在品茶的读书人攀谈起来。他得知书生祖籍在重庆，便以地名出上联曰：“千里为重，重水重山重庆府。”书生知道这是嵌地名上联，便应声对出下联曰：“一人是大，大邦大国大明君。”朱元璋听后十分赞赏。

还有一次，朱元璋微服来到一个小镇的酒店饮酒。他见店面狭小，又没有可口的下酒菜，便口占下联曰：“小酒店三杯五盏，无有东西。”店主随口对出上联曰："大明国一统万方，不分南北。"朱元璋听后大喜，欲赐其官职，店主人婉言谢绝。

朱元璋和丞相刘伯温对弈时，兴致所至，偶得下联曰："天作棋盘星作子，日月争光"，并让刘伯温对上联。刘略加思索，对："雷为战鼓电为旗，风云际会。"朱元璋听后，感到君臣二人以对抒发胸臆，倍觉畅快。

明太祖朱元璋灭掉占据江州（今江西九江）称帝的汉王陈友谅后，有人向朱元璋进献陈友谅曾使用过的做工上好的镂金床，朱元璋看过后感慨道："这张床与孟昶的七宝溺器有什么不同啊！陈友谅穷奢极欲，怎能不灭亡呢？"说完就让人毁掉了它。

"天子毁床"的行为，说明了朱元璋在关键时刻头脑清醒，不会因为生活腐化而自毁前程。他所说的孟昶就是五代后蜀皇帝孟昶（公元919—965年）。在位后期，孟昶沉湎酒色，奢侈无度，连所用夜壶都用珍宝制成，称之为"七宝溺器"。宋太祖赵匡胤平定后蜀，见到"七宝溺器"，以为是导致亡国之器物，立命毁之。看到其他诸侯大臣的侈靡之物，也都命令焚毁之。

军事外交 风云变幻

在军事外交活动中，依靠实力和智慧才能达到目的，这是人所共知的事实。但有时候，硬拼硬闯的实力却往往抵不上利用智慧所得的收获更大。

传说战国周显王（？—前321年）时期，蜀王和秦惠王（公元前354—前311年）有一次因打猎在两国边境相遇。出于礼节和示好，两个君主互赠了礼物。秦惠王送给蜀王一筒金子，蜀王也回赠给秦惠王一些珍奇异宝。不同的是，秦惠王送的是货真价实的真金，而蜀王送的所谓珍宝过后不久都化成了泥土，原来是赝品。秦惠王遭到戏耍，恼羞成怒，就想趁机讨伐蜀王，吞并物产丰饶的蜀地，但苦于蜀道历来难行，易守难攻，秦国军队不易进入，一时没了良策。

有位大臣向惠王献计说，蜀王非常贪婪，可以用小利引诱他，让他自己把通往蜀地的道路修好。于是，惠王就想出了一个办法，让人用大石头琢成一头石牛，牛后放上一堆金子充当牛粪，然后派人对蜀王说，这是一头能拉金子的神奇石牛，想送给蜀王，请蜀国来人运回。蜀王得知消息，果然中计，他非常高兴，便马上征调蜀地民工开山修路，一直通往秦国。道路开通了，蜀王派了五个大力士来秦国拉运石牛，秦国派出军队在后面悄悄紧随。石牛运到蜀国，秦军也随即到了蜀国边境，攻打蜀国守军。蜀王一看形势不妙，就亲自带兵抵抗，但是为时已晚，强大的秦军一举击败蜀军，灭掉了蜀国，也杀死了贪婪的蜀王。世人听说蜀王的下场后，都嘲笑他的贪小失大。

「“石牛粪金”雕塑」

在四川广元一带，至今还可以看到以此为内涵而开发出的雕塑产品、旅游纪念品乃至其他的文化产业开发产品，似乎向人们讲述着这段充满智慧的历史典故。

春秋时期，吴国强大的时候，和西边的楚国之间经常发生战争，争夺对方的地盘和财物。一年夏天，雄心勃勃的吴王又准备出兵攻打楚国。大臣们都觉得不妥，认为这是劳军伤财，又会耗损国力，给别国以可乘之机。但是吴王决心已定，执意出军，不许任何人劝谏。

吴王身边有个年轻的侍从，也为此忧虑，他非常聪明，想出了一个劝谏的妙计。他早晨拿着弹弓在吴王的后花园里转悠，东张西望，行为诡异，一连三天都是如此。这个侍从的异常行动引起了吴王的注意，吴王把他召来讯问。这正是他要达到的目的，于是就回答说：“大王，我在打猎。您的花园的一棵树上有一只螳螂，伸出爪子正准备捕捉前面的一只蝉；这只螳螂却不知道，后面有一只黄雀正张开了嘴，准备捕捉它；那只黄雀呢，它准备捕捉螳螂，却不知道我正在它的后面，准备用弹弓打死

「石板铜画“螳螂捕蝉，黄雀在后”」

它。螳螂、黄雀都只盯着眼前的利益，却忘记了身后潜伏的危险啊！”吴王听了，点了点头，思忖半晌，觉得这次出兵攻楚与这个侍从讲的道理非常相似，不仅倒吸了一口凉气，就宣布取消了出兵的计划。

“螳螂捕蝉，黄雀在后”的寓言故事之所以是经典，是因为它巧妙地把那些只顾追求眼前利益，而忽视潜在危险，眼光短浅的行为类比得非常深刻，其说理意义所产生的作用也肯定非常明显，耐人寻味。

吴王夫差在征服越人之后，心中就有了北上争夺中原霸权的志向。他向北一路征伐，先后征服了鲁、齐等国，又接着向西北进军，打算再征服晋国。公元前 482 年，他应鲁哀公、晋定公之约在黄池（今河南封丘县西南）举行会盟大典。

会盟之时，夫差与鲁哀公、晋定公并排站在封禅台上，检阅三军。吴军精锐尽出，声势壮大。夫差所到之处，三军将士必齐声鼓噪。鲁、晋二公被眼下的阵势深深地慑服了。见此情景，夫差更是志得意满。接着他又与二公围猎，也颇多斩获。二公赞曰：“真乃上马可治军，下马可治国之君也。”夫差闻听此言，自我感觉好极了。晋定公惧于吴之军力，承认夫差为盟主，史称“黄池会盟”，夫差最终实现了其父定霸中原的宿愿。

而越王勾践趁夫差参与会盟，后方空虚之机，出兵三万，轻易攻下了吴国都城。等到夫差率大军回到吴国，姑苏城已空无一人。经此打击，吴国再也没有实力和越国抗衡了。因此，夫差“黄池争霸”之举被认为是吴国图霸过程中的最大败笔。这个典故也叫“黄池会盟”。

黄池，位于河南省封丘县城南 11.3 公里处坝台村东头。周穆王曾游于此地。据《封丘县志》记载：天子东游于黄泽，歌曰：“黄之池，其马喷沙。黄之泽，其马喷玉。”故春秋时叫黄池。今仅存古黄池碑一通，当地建有砖砌碑楼加以保护。

春秋末年，吴王夫差出兵大举进攻越国，越王勾践起兵对抗，但不是吴国的对手，只能被动防守。大夫文种向勾践献计说：“吴国与越国的命运，只凭天意决定，您无须通过战争来解决。由申胥（即伍子胥）和华登选拔训练吴国青年组编成的军队，还不曾被打败过。吴国有这样的良

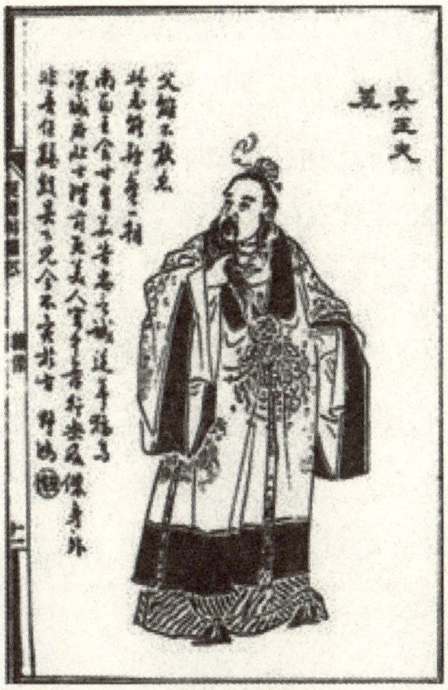

「取自于《东周列国志》」

将指挥，我们能否获胜还没有把握。您不如勒兵自守，同时用谦卑的辞令向对方求和称臣，让吴王野心膨胀。等到他的百姓疲惫，天灾又夺去他的粮食后，我们就可以轻易地收拾残局，吴国就失去上天的眷顾了。”

越王同意了，于是派诸稽郢去吴国求和。诸稽郢对夫差说：“我们国君派我来，不敢公开以玉帛表达敬意，只敢私下对大王说：过去越国遭祸，得罪了大王。大王亲自领兵，准备灭掉勾践，却又宽宥了他。大王对于我们越国，如同让死人复活，让白骨重新长肉一样的有恩德啊。勾践不敢忘记上天降下的灾祸，又怎敢忘记大王的恩赐呢！勾践现在重遭灾祸，没有善良的德行，草野鄙贱之人，岂敢忘记大王的大恩大德，而计较边境上的小怨，以至再次获罪于大王呢？勾践将特地率领几个老家臣，亲自承认犯下的重罪，在边境上叩头求饶。现在大王没有细察，在盛怒之下调集军队，打算狠狠地讨伐越国。越国本来就是给吴国纳贡的国度，大王用鞭子驱使它就可以了，何必劳苦您的军士来攻伐呢？勾践请求缔结盟约，并送上一个嫡生女儿，拿着箕帚到王宫里侍奉您；送上一个嫡生儿子，捧着盘匜做仆人；春秋两季的贡品，决不敢懈怠。大王又何须屈尊来制裁越国呢？谚语说：‘狐狸埋藏了东西，又把它掘出来看，所以埋藏就没有成功（狐埋狐搰）。’大王曾经扶植越国，以圣明闻于天下，现在却又要消灭它，这会让大王对越国的扶植徒劳无功。另外，即使四方的诸侯想臣事吴国，又怎么使他们相信呢？我冒昧地说了这么多话，只希望大王据利度义，深思熟虑。”

夫差被这番话打动了，欣然同意求和，撤兵而归。

后来，越国还是被吴国打败了。不过，越王勾践牢记国耻，励精图治，经过十年的艰苦努力，终于使越国变得富强起来。这时，越国的民众强烈要求伐吴复仇，并纷纷向勾践求战。勾践辞谢说：“过去的战争失利，不是你们的罪过，而是我的罪过。像我这样的人，哪里值得你们跟我共同承担耻辱，请你们姑且不要言战。”民众又请求说：“越国四境之内，百姓爱我们的国君，就像爱自己的父母一样。儿子想为父母报仇，臣下想为国君报仇，哪有敢不尽全力的！请再和吴国打一仗。”

勾践见国人情绪高涨，认为是伐吴复仇的好时机，于是答应了他们的请求，就召集国人训誓说：“我听说古代的贤君，不忧患他的军队不够，而担忧他本人的志向操行不够高尚。现在夫差拥有铠甲士卒十万三千人，他不担忧自己的志行不够高尚，却还担忧他的军队不够，穷兵黩武，恃强凌弱。现在我将帮助上天灭掉他。不过，在战斗中，我不赞成士兵逞匹夫之勇，意气用事，而希望大家统一步调，同进同退（“旅进旅退”），共同行动，这样才能有赏赐。如果前进时不听号令，倒退时还不知羞耻，这样就会有惩罚。”

誓师完毕，越国军队出发了，国人之间都彼此勉励。大家都说：“谁有我们这样好的国君啊，还能不为他拼死作战吗？”越国军队士气强盛，所向披靡，势如破竹，首先在囿地打败了吴军，又在没地打败了吴军，最后在吴国国都的郊外再次打败了吴军。吴国三战三败（“三战三北”），实力消灭殆尽。于是越国就灭了吴国。

位于今天湖北郧县西北，在春秋时期有一个偏僻的小国绞国，与当时楚国的西北部毗邻。据《左传·桓公十二年》记载，公元前700年，楚国侵略绞国，集中兵力攻打绞国都城的南门。绞国军队奋力抵抗，楚军一时不能得逞。这时，莫敖屈瑕向领兵的楚将献计说：“绞国人轻率，不懂计谋，我们可以设圈套引诱他们出城。我们派一些伙夫出去打柴，故意不派士兵保护，绞国人见了一定会出城来抓，这样我们就可以趁机打败他们。”楚将依计而行，派出了一些伙夫到绞国都城北门附近的地方，装模作样地打柴。绞国人果然中计，他们纷纷从北门出城去抓楚国的伙夫，抓去了30人。第二天，楚军在城边的山里埋伏起来，同时故伎重演。当绞国人又打开北门出来抓人时，楚军伏兵突然出击，堵住了他们的归路，把他们打得大败，然后逼迫绞国人订立了“城下之盟”。

所谓“城下之盟”，就是战败国在敌人兵临城下或大军压境的严重威胁下被迫同对方订立的屈服性条约。

公元前701年春，楚国权臣莫敖屈瑕又率军攻打郧国的城邑蒲骚。郧国联合随、蓼等国组成联军，在蒲骚附近阻击楚军。莫敖屈瑕一看对方阵势很强大，就有点恐慌，准备向楚王请求增兵。将军斗廉不同意，认为对方虽然貌似强大，但军心不齐，只要打败郧国，其他国家的军队就不攻自破。屈瑕采纳了斗廉的主张，集中兵力猛攻蒲骚，一举击败郧军，联军果然瓦解，楚军大获全胜。

蒲骚之战，屈瑕战功显赫，但他从此也变得骄傲起来，不可一世，不再把任何敌军放进眼里。两年后，楚王又派他带军攻打罗国。出师那天，楚国众官员为他送行，屈瑕神气十足地领军而去。人们大都认为，屈瑕这次出征又要取得大胜。但是，大夫斗伯比却是相反的看法，他在送行回来的路上，对他的马车御手说："屈瑕这次必定失败！你看他那副骄傲的样子，脚趾抬得高高的，得意洋洋，神气十足，这样怎么会冷静地指挥打仗呢？"斗伯比忧心忡忡地来到王宫，请求楚王给屈瑕增兵，楚王认为屈瑕善战、楚兵强大，没有采纳斗伯比的建议。

再看屈瑕，他率兵到达前线后，果然麻痹轻敌，让军队随便驻扎，不设防，不戒备。而此时的罗国军队已经严阵以待，趁楚军不备之际发起猛烈攻击，把楚军打得落花流水，全军覆没。屈瑕孤身一人逃到荒谷之地，狼狈不堪，当初"趾高气扬"的神气已经荡然无存。他觉得罪不容赦，更觉得无颜见人，就在那里自缢身亡了（《左传·桓公十一年》）。

莫敖是古代楚国的官名。《左传·桓公十一年》杜预注："莫敖，楚官名，即屈瑕。"章炳麟《文学说例》："楚国以早夭之君为'敖'，如若敖、郏敖、訾敖是也；以长官为'敖'，如莫敖、连敖是也。"

公元前688年，楚文王要攻打申国。申国与楚国并不接壤，中间还隔着邓国。楚国攻打申国必须经过邓国，于是就向邓国借道。邓国国君祁侯是楚文王的舅舅，他想，楚文王是自己的外甥，这个忙他必须要帮，于是爽快地同意了。得到邓国的允许，楚文王就带领大军浩浩荡荡地来到邓国。邓祁侯见外甥楚文王带兵来了，非常重视，立即下令以高规格的礼节进行接待，安排楚军的食宿。他对大臣们吩咐说："楚王是我的外甥，现在路过我国，我们一定要以礼相待，不能怠慢！”邓祁侯还亲自在王宫接见并设宴款待楚文王。当时，雅甥、聃甥、养甥是邓祁侯的亲信大臣，他们看出了楚王的勃勃野心和险恶动机，认为楚国在灭了申国以后一定会打邓国的主意，于是就在私下里把这个看法对祁侯说了，劝祁侯趁机在宴会上把楚王杀了，以除后患。邓祁侯不同意，说：“他是我的外甥，怎么会打我的主意呢？笑话！”雅甥等人坚持自己的判断，说：“可以断定，将来灭亡邓国的，一定是这个人。现在不及早动手，将来会后悔莫及。如果放虎归山，再想逮住老虎，就不那么容易了，那就好比想用嘴咬肚脐一样，能咬得着吗？”祁侯对他们的话不但坚决不听、不信，而且高高兴兴地送走了楚文王和他的军队，并祝愿楚王出师顺利，马到成功。强大的楚军很快就打败了申国军队，并灭掉了申国。果然不出雅甥等人所料，楚军在回师途中，就把矛头对准了邓国，对邓国进行了一番攻打。若干年后，楚国干脆出兵灭掉了邓国。雅甥等人的预言不幸地言中了。

“噬脐莫及”的典故告诉人们：在通向成功的道路上，机遇很多但也稍纵即逝。能否抓住机遇，结果往往截然相反！

春秋时期，晋文公重耳（公元前697—前628年）当公子时遭遇国内骊姬之乱，被迫出逃，四处流亡。当他逃到楚国时，楚王对他非常友好，给予了优厚的接待。有一次，楚王宴请重耳，席间问他：“公子如果返回晋国，用什么来回报我呢？”重耳回答说：“奴隶、丝玉您都有了；珍禽异兽是贵国的特产，流散到晋国的东西也都是您剩下的。我能用什么来报答您呢？”楚王还是不放过他，继续追问：“尽管如此，你总得拿出什么来报答我吧？”重耳只好说：“如果托您的福，我能回到晋国执政，一旦晋楚两国的军队在中原演习时相遇（婉指两国交兵），我一定命令我的军队向后退却避让三舍（一舍为30里）。如果得不到您退兵的命令（婉指楚王执意交战），我就左手拿着马鞭和弓梢，右手挂着箭袋和弓套，与您应付应付（婉指先礼后兵）。”后来，在晋楚城濮之战前，晋文公果然命令军队后退三舍，兑

「宋代画家李唐绘《晋文公复国图》（局部）」

现了当初的诺言。

鲁襄公十八年（公元前 555 年）秋天，齐国军队侵略鲁国的北部地区。鲁国向盟国晋国求援，晋侯率军联合宋、卫、郑、曹等小国军队包围了齐国。齐国又只好向盟国楚国求援，楚康王（公元前 559—前 545 年在位）接到齐国求救信，高兴地对臣子们说："我即位五年了，还没有出过兵，国人可能认为我贪图安逸、不思进取呢，这是一个绝好的显示军威的机会呀！"于是就派大军北上援齐。楚军首先攻打邻近的郑国，准备继续北上，讨伐晋国。这时已经是冬季了。晋人听说楚军到来，十分恐慌，包括晋侯在内也不例外。

当时，晋国著名的琴师师旷在晋侯身边陪伴。师旷的演奏技艺已经炉火纯青，甚至极其神奇，简直可以呼风唤雨。师旷看晋侯着急的样子，就安慰晋侯说："不要紧的，我可以化解危机。我到两军阵前弹奏不同的曲子，使两军的士气受不同的影响，就可以决定战局。"晋侯半信半疑地问："大师怎么个弹奏法可以决定战局呢？"师旷自信地回答说："我对北方的军队弹奏北方的曲子，对楚国的军队弹奏南方的曲子。北曲刚劲有力，可以鼓舞我军的士气；南曲柔弱无力，低落萎靡，甚至是一片死声，可以大大削弱楚军的士气，瓦解楚军的斗志。士气和斗志如此彼消我长，不就可以决定战斗胜败了吗？可以断言，楚军此行一定劳而无功。"

其实，还没等师旷付诸行动，楚军败局已定，因为楚军进入北方后，尚未攻下郑国，就遭遇了冬季的暴雨和严寒，楚军士兵承受不住，纷纷被冻死冻伤，几乎全军覆没。

"南风不竞"的典故极好地昭示了音乐风格与人的精神风貌之间的内在联系。

公元前 547 年五月，楚康王出兵伐郑，攻打郑国的城麇。郑国守将皇颉出战，被楚将穿封戌打败，做了楚国的俘虏。战斗结束后，穿封戌把皇颉押到楚军主帅阵营请功。正在这时，参加战斗的公子围跑过来了，与他争功，说皇颉是被他俘虏的。公子围是楚康王的弟弟，位高爵尊，别人想拍马屁都来不及呢，但穿封戌性子直，脾气倔，没有给公子围面子，没买他的账，坚决否定他的无理说法。两人争执不下，主帅一时难以定论，就请太宰伯州犁来评判。伯州犁为人奸诈，又善于阿谀奉承，就想趁机迎合、取悦公子围。他歪着头想了想，装模作样地说："还是让我问问这个俘虏本人吧。"他走到皇颉的跟前，对这个俘虏暗示说："我们所争论的问题，是你这位君子究竟是被谁俘虏的，你明白吗？"随后，伯州犁高举着手指向公子围，对皇颉介绍说："这位是公子围，是我们国君尊贵的弟弟。"然后，他又放低手，向下指着穿封戌说："这个人叫穿封戌，是都城之外的一个小县尹。那么，你是被谁俘虏的？"皇颉也是个乖巧的人，他很快明白了伯州犁的意思，再加上心里本来痛恨穿封戌俘虏了他，觉得这是报复穿封戌的好机会。于是，皇颉就以非常肯定的语气回答伯州犁："我遇上了王子，打不过他，就被他俘虏了。"听了这句话，伯州犁便判定这个功劳是公子围的，公子围也得意地瞅了一眼穿封戌，然后走开了。穿封戌却气得说不出话来，掂起长矛就要去找公子围算账，被手下的人赶紧拉开了。

伯州犁为了达到自己的目的，明目张胆地公然作弊，其言行令人不齿。"上下其手"后已成为公然串通作弊的代名词了。

公元前541年春，楚国令尹公子围前往郑国迎亲，准备迎娶郑大夫公孙段的女儿。公子围是带着大部队出发的，准备趁迎亲之机偷袭郑国。楚国浩浩荡荡的迎亲队伍到了郑国都城外，郑国的上卿子产看出了楚人的阴谋，就派子羽出城应对，以城小为借口，安排楚人在城外住宿，以防不测。公子围当然不答应，派手下与子羽交涉，找借口要求入城举行婚礼，否则就是对祖先的不敬。子羽含蓄地揭露和抨击他们说："我们郑国小不是错误，但小国过分依赖大国而丧失警惕才是错误。某些大国表面友善却心怀叵测，企图暗中吞并小国。我们郑国本来打算依赖大国来保全自己，有的大国却包藏祸心想危害我们。我们如果被大国危害，其他诸侯国也会怨恨大国，心怀戒备，不会再听大国的调遣。对于让你们在城外举行婚礼，我们确实是迫不得已；否则，让你们大军进城，我们郑国就不会存在了。"公子围见阴谋败露，就只好规规矩矩地娶亲，放弃了原先的偷袭计划，但还是不承认自己有吞食郑国的意图，坚持要进城，但表示楚兵一律不带武器，全部空手。

子产、子羽二人见公子围已经承诺不带武器，就答应了公子围进城迎亲的要求。公子围最终在城中举行了婚礼，很快便带着新娘子回到了楚国。

“包藏祸心”就是指暗藏着损人利己的坏心思。

春秋时期，齐国有个大夫晏子（公元前578—前500年），身材矮小，其貌不扬，但却机智灵活，能言善辩。有一次，晏子出使楚国，楚灵王看他体小貌陋，就嘲弄他说：“齐国恐怕是没有人了吧？”晏子回答道：“齐国的人多着呢。我们首都临淄城的大街上，人们肩挨着肩，脚跟踩着脚跟，挥一挥衣袖，就可以遮天蔽日；挥洒一下汗水，就像下雨一样。”楚王又问：“既然如此，为什么却派你这样一个人来呢？”晏子明白楚灵王的意思，立即反戈一击，回答说：“我们国家派人出使要看出使的对象，贤明的人出使贤明的国家，不肖的人出使不肖的国家。我最不肖，就被派到贵国来了。”楚王虽然气恼，但一时无言以对。

「晏子使楚」

楚王为晏子举行宴会，招待他。席间，一个武士押解着犯人走过来。楚王大声地问武士：“这个犯人是什么人？”武士回答说：“是一个盗窃的齐国人。”原来，这是楚灵王故意安排的，想借此羞辱晏子。楚灵王就扭过头挖苦晏子说：“难道齐国人善于盗窃吗？”晏子不慌不忙地回答说：“我听说橘子生长在淮南就是橘子，生长在淮北就变成了枳子（又名枸桔），这是水土的原因。齐国人在齐国不善盗窃，现在到了楚国就善于盗窃，恐怕也是水土的问题吧！”一席话说得楚灵王非常尴尬，终于承认自己戏弄晏子是自取其辱。

晏子使楚的整个过程中，无处不显示出晏子作为外交家的机智与善辩能力。此典故还包含“摩肩擦踵”、“橘化为枳”，所关涉的内容都非常巧妙地化解了他在被动状况下的处境。

楚国要攻打宋国，墨子（公元前468—前376年）听说后很哀伤，就从鲁国出发去楚国赶路十天十夜，脚上磨起一层层的老茧也不肯休息（手足重茧），撕下衣衫布包裹又向前赶路。到达楚都郢城，马上拜会楚王，说：“我听说大王您要兴兵攻打宋国，您是估计一定能攻下宋国后才决定攻打的呢，还是要劳师动众，蒙受不义之名，却得不到尺寸之地，仍要进攻的呢？”楚王说：“如果占领不了宋国，又要蒙受不义之名，我为什么还要进攻呢？”

墨子回答说：“我看大王一定是既得不到宋国又必定要损害名誉的。”楚王说：“公输般现在是天下有名的工匠，由他制造云梯来攻宋城，为什么不能取胜？”墨子回答说：“请让公输般假设来攻城，我来防守，演习一下。”于是公输般摆开器械来攻城，墨子也摆出守城的阵式和装备，公输般连攻九次，被墨子打退九次，始终攻不进城内。于是楚王只得息兵。

楚宣王（公元前369—前340年在位）某一日传令各地诸侯们一起来朝拜他。诸侯们慑于楚国的强大，不敢不听，一个个很快都来了，还带来了丰厚的礼品，特别是各地产的美酒，恭恭敬敬地献给宣王。最后一个来的是鲁恭公，他不仅姗姗来迟，带来的礼品也只有一点酒。宣王心里很不满意，心想，你鲁国就这么一点酒，好意思吗？但如果是特殊的美酒也就罢了。于是，在宴会上，他特意品尝了一下鲁国的酒。这一尝不要紧，宣王勃然大怒，原来这鲁国送的酒味道太淡了，一点都不好喝，比其他诸侯献的酒差得很远。宣王就当着其他诸侯的面，对鲁恭公发起了火，还要侮辱他。鲁恭公也不甘示弱，没买他的账，反驳说：“我本是周公的后裔，身份比诸侯高。按礼节，你们应该给我送酒。我送酒给你本来就是不合礼仪的，你还嫌弃酒味薄，真是太过分了！”随后就不辞而别。宣王更加恼怒，于是发兵和齐国一道讨伐鲁国。

梁惠王平时对赵国非常怨恨，总想攻打赵国，却一直因为害怕楚国出兵救赵而不敢动手。当他听说楚国忙于攻鲁而无暇旁顾时，认为机会终于来了，就派出大军向赵国杀过去，并包围了赵都邯郸。

这则“鲁酒薄，邯郸围”的典故所揭示的含义是指无端而枉受牵连。味淡的鲁酒居然惹出了这些风波，在军事外交史上，类似的事件并不多见但也耐人寻味。

合纵连横是战国时期纵横家向诸侯国所宣扬并推行的外交和军事策略。战国初期，齐、楚、燕、韩、赵、魏、秦七雄并立。到了战国中期，齐、秦两国最为强大，东西对峙，互相争取盟国，以图击败对方。其他五国也不甘示弱，与齐、秦两国时而对抗，时而联合。大国间冲突加剧，外交活动也更为频繁，出现了合纵和连横的斗争。当时最著名的纵横家是苏秦（公元前 337—前 284 年）和张仪（?—公元前 309 年）。

合纵就是南北纵列的国家联合起来，共同对付强国，阻止齐、秦两国兼并弱国；连横就是秦或齐拉拢一些国家，共同进攻另外一些国家。合纵的目的在于联合许多弱国抵抗一个强国，以防止强国的兼并。连横的目的在于事奉一个强国作为靠山，从而进攻另外一些弱国，以达到兼并和扩张的目的。合纵连横的实质是各大国为拉拢他国而进行的外交、军事策略。

苏秦曾经联合“天下之士合纵相聚于赵而欲攻秦”，他游说六国诸侯，要六国联合起来西向抗秦。秦在西方，六国土地南北相连，故称合纵。与合纵策略针锋相对的是连横。张仪曾经游说六国，让六国共同事奉秦国。除了苏秦、张仪之外，著名的纵横家还有公孙衍。最初，合纵与连横变化无常。苏秦、张仪、公孙衍等人游说于各个国家，合纵既可以对齐，又可以对秦；连横既可以联秦，也可以联齐，形势非常复杂。

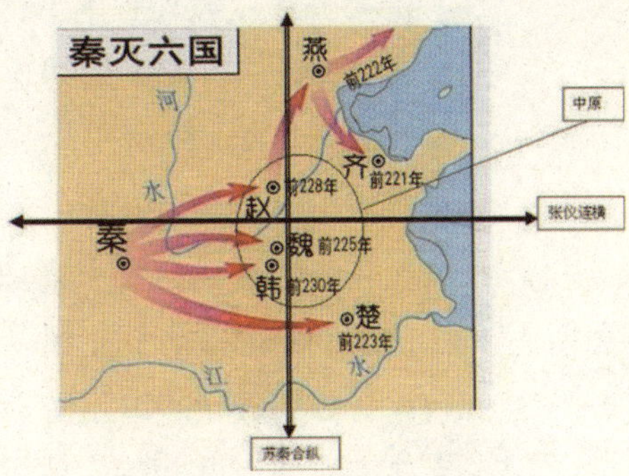

「合纵连横示意图」

后来，秦国的势力不断增强，最终成为第一号强国，也因而成了东方六国的共同威胁，于是合纵就成为六国合力抵抗强秦的相对稳定的长期策略；而连横则成为六国分别与秦国暂时联盟，以求苟安的临时策略。秦国的连横活动，目的是为了破坏六国间的合纵，以便孤立各国，各个击破。公孙衍曾于公元前 318 年联合魏、赵、韩、燕、楚五国攻秦。时人说：“公孙衍、张仪岂不真正是大丈夫哉！一怒而诸侯惧，安居而天下熄。”后来苏秦和赵国奉阳君李兑也曾于公元前 287 年联合五国攻秦，使秦被迫废除帝号，产生了很大影响。然而，张仪在秦推行的连横策略取得了更大的成功，使秦惠王“拔三川之地，西并巴蜀，北收上郡，南取汉中”“散六国之从（纵），使之西面事秦”，真正达到了通过连横政策的推行而兼并土地、增强国力的目的。

合纵连横的斗争适应了战国形势发展的需要，对各国政治产生了很大的影响，具有深刻的历史作用。在此期间，各诸侯国为了自身的短期或长远利益，在不同时间和场合下都表现出顺势而变的态度，或朝秦暮楚，或东观西望，其实是一个动态的局面，但却给后世留下了一段绚烂精彩的历史画面。

就在战国时期的某一天，著名纵横家苏秦风尘仆仆地来到楚国，要向楚怀王（？一公元前 296 年）游说合纵抗秦的事宜。他请王宫的谒者（通报官）向楚王通报，但等了很长时间一直没有消息，直到三天以后才迟迟见到楚王。苏秦心中郁闷但又无法说出来，原本的好心情全没了，也无心再和楚王讨论什么合纵事宜。于是，他和楚怀王见面之后，简单地寒暄了几句话，还没进入正题，就急匆匆地想要告辞。

楚怀王有点奇怪，就问苏秦："我听说先生的大名，如同听说古代的贤人一样。现在先生不远千里来楚国见我，竟然不愿小住几日，一定有什么隐情吧？"苏秦回答道："哪里！哪里！只是楚国的大米贵得如同珍珠，柴禾贵得如同桂木，大王的谒者如同鬼魅一样难说话，大王如同天帝一样难得一见。您现在留我，是要我吃珠玉、烧桂木，通过鬼魅见大王吗？"楚怀王听了，感到很惭愧，连忙道歉说："请先生暂时到宾馆休息，我明白您的意思了，一定遵从先生的意见。"

苏秦善于审时度势，察言观色，更以坦率之言打动了楚王，使楚怀王最终对他以礼相待，他也得以成功游说怀王加入到合纵的联盟之中。

公元 208 年赤壁战后，孙刘结盟乘胜进军，经过一年多的激战，最终夺取荆州城。由于荆州乃兵家必争的重镇，所以东吴主帅周瑜亲任南郡太守，坐镇荆州，而功劳甚伟的刘备却只能率本部兵马守江南的油江口立营。刘备曾被汉献帝封为左将军，号左公，刘备驻扎油江口后即改油江口为公安，取"左公安靖，日后强雄"之意。刘备居公安，地小物薄，不利于发展，于是他向孙

「荆州古城」

权两次提出借荆州。孙权采纳周瑜的建议，不仅不借荆州，反而利用吴蜀联姻软禁刘备，使50多岁的刘备作了东吴的娇客。公元210年，周瑜病故，鲁肃继任。鲁肃从吴蜀联盟以抗曹操的战略方针考虑，劝说孙权暂时将荆州借给了刘备。

刘备借得荆州后，即以之为立足点，北抗曹操，西取益州，建立蜀汉政权。而鉴于荆州的特殊地位，刘备借到荆州之后却无意归还，因此东吴对此事耿耿于怀。蜀国丞相诸葛亮也不敢掉以轻心，特地启用关羽据守荆州。荆州实际上变成了蜀国的军事中心。

然而，为了争夺樊城，刘备又传令英勇善战的关羽前去攻取，并把主力人员关平、周仓、廖化等全都带去，一时间导致驻守荆州的大将能力不足。

另外，东吴采取的军事策略也非常明智，最突出的一招就是老谋深算的主帅吕蒙称病假装退出，新帅陆逊年轻资浅而无声望，且以卑词致信关羽，并有“白衣渡江”的军事行动，这些都促使关羽放松了对东吴的防备，结果，吕蒙率吴军攻破荆州。关羽被迫败走麦城，被吴军设计俘虏并杀害。后来张飞为了给关羽报仇，匆忙上阵，对部下过于苛刻，大醉之后也被部下所杀。刘备最终被打得一蹶不振。仅此一战，刘备集团损失惨重。这就是著名的“大意失荆州”。

汉献帝建安二十四年（公元219年）十二月，关羽被擢升为前将军，他不听手下劝阻，一意孤行，率众离开荆州，围攻曹操大将曹仁于樊城（今湖北襄阳）。适值汉水暴涨，关云长水淹曹操七军，生擒于禁，斩杀庞德，威震北方，深挫曹兵锐气，也迫使曹操一度计议将都城由许昌迁往他处，以避其锋。于是，曹操采纳谋士司马懿、蒋济的建议，一方面派徐晃前往救樊城之困，另一面致书东吴，令孙权袭击关羽后方，事平之日，割江南之地以封孙权。

孙权欣然应允，派吕蒙趁关羽在樊城作战之机，袭击荆州。接着派虞翻说降镇守公安（今湖北省荆州市公安县）的傅士仁，又利用傅士仁逼降了南郡（今属湖北荆州）的糜芳。如此以来，关羽丢失荆州，也就断绝了立足容身之地。

关羽在樊城作战，由于受到曹仁、徐晃两军的两下夹击，蜀汉军心动摇，抵挡不住。关羽渡襄江，退守襄阳。关羽未到襄阳，听说荆州已被吕

「麦城遗址」

蒙夺取，公安的傅士仁、南郡的糜芳都已投降，怒气冲塞，疮口迸裂，昏厥于地。在走投无路的情况下，关羽率领残兵败将西保麦城（在湖北省当阳市境内）。

后来麦城不保，关羽突围而出，至章乡（今湖北当阳东北），与其子关平具为吴将擒斩。

借荆州，关羽出了大力；失荆州，关羽难辞其咎。作战樊城，后方空虚；对待下属，骄矜少恩，如对待下属傅士仁就是一个典型例子，致使傅对关羽怀恨在心。所以“败走麦城”，父子殒命，实为陷入绝境之后的苦果。

麦城在湖北省当阳市两河乡境内。东周时即为楚国重要城邑，隋开皇十八年（公元593年）昭丘县治所在地。清同治《当阳县志》记载：“麦城在县东南五十里，沮漳二水之间，传楚昭王所筑。”

另外，关羽去世后，逐渐被神化，被民间尊为“关公”；历代朝廷多有褒封，清代封其为“忠义神武灵佑仁勇威显关圣大帝”，崇为“武圣”，与“文圣”孔子齐名。《三国演义》尊其为“五虎上将”之首，毛宗岗称其为“《演义》三绝”之“义绝”（另两绝分别为诸葛亮的“智绝”、曹操的“奸绝”）。

建安二十四年（公元219年），刘备与曹操争夺汉中。蜀将黄忠袭杀魏汉中守将夏侯渊于定军山，刘备大喜，加封黄忠为“征西大将军”。曹操闻讯后，亲引大军二十万前来为夏侯渊报仇。孔明派黄忠、赵云前去御敌，黄、赵二人商议，由老将黄忠率兵劫取曹操军粮，逾午时不归，则由赵云前去接应。

赵云在营中等到老将黄忠逾时不回，遂带领三千军向前接应。临行前安排手下张翼坚守营寨，多设弓弩，以为应急准备。赵云在曹操军中东冲西突，所向披靡，救出黄忠、张着二将。此举激怒曹操，他自领左右大将赶杀赵云。

赵云回寨，曹操大军如林而至。张翼要求关闭寨门，上敌楼防护，但被赵云断然拒绝。赵云命令大开寨门，将营内旗枪尽皆倒偃，金鼓不鸣（偃旗息鼓）。赵云匹马单枪，立于营门之外。魏将张合、徐晃领兵追至蜀寨，逡巡不敢前进。曹操亲临，也惧怕中计，只好引兵撤退。见此情景，蜀军擂鼓呐喊，弓弩齐发，曹军自相践踏及落入汉水之中而死者，不计其数。

「赵云塑像」

此次汉水之役，赵云以少胜多，以弱胜强，大获全胜。刘备随同诸葛亮前来汉水慰问，了解汉水之事。当看到交战现场的险峻之路时，他欣然向诸葛亮夸赞说：“子龙一身都是胆也！”

在小说《三国演义》中，作者也对赵云给予了发自内心的称赞：“昔日战长坂，威风犹未减。突阵显英雄，被围施勇敢。鬼哭与神号，天惊并地惨。常山赵子龙，一身都是胆！”

是非善恶 自有公论

人的一生都要遇到各种事情，事情的处理结果也有好坏对错、是非善恶之分，千差万别。回过头去再作审视，人们就会用新的眼光给予公允的评价。

春秋时期，出身宛地（今河南南阳）的范蠡（生卒年不详）帮助越王勾践灭了吴国之后，功成身退，带着家人远走高飞了。他最终来到齐国的陶地，定居下来。范蠡有经商的头脑，发现这里是交通要冲，物流发达，就运用“操然之术”（根据季节气候、民俗风情等，人弃我取，人取我予，顺其自然，待机而动），逐渐发了财，成了大富翁，人称“陶朱公”。

范蠡有三个儿子，这时都已长大成人。有一天，范蠡的二儿子在楚国游历时杀了人，被官府抓住，将要开刀问斩。范蠡得到消息，赶紧筹划营救。他拿出千两黄金，附上一封信，吩咐小儿子前往楚国找他的老熟人庄生出面活动。但是，大儿子听说父亲让小儿子去办，不乐意了，说："不让我去办，是不是对我不信任，嫌我没能力？"他越说越激动，竟然闹起来了，扬言要自杀。范蠡的妻子吓坏了，赶忙劝范蠡答应他。范蠡没办法，只好勉强答应了。大儿子带着黄金和书信来到楚国，找到庄生，说明来意，送上了书信、礼物。庄生收下东西，对他说："我尽力而为，你回去吧。"这庄生是个德高望重的贤士，在楚国大名鼎鼎，连楚王都对他敬之三分。

「范蠡」

第二天，庄生求见楚王说："臣夜观星象，见星位混乱，恐上天有灾难降临。大王只有即刻大赦，方可躲过一劫。"楚王历来对庄生信任有加，于是立马照办。

消息传出，范蠡的大儿子非常高兴，但他转念一想，弟弟将被释放了，那么送给庄生的黄金不就浪费了吗？于是，他又来到庄生家里，谎称来辞行。庄生明白他的真实意图，就把黄金退给了他。大儿子带着黄金高高兴兴地走了，就等着带着弟弟回家了。庄生本来想在大赦之后把钱退给范家的，谁知范家大儿子竟然主动来索要，他心里很生气，就不想帮忙了。于是，他又去晋见楚王，编造了一个理由，让楚王先杀了范蠡的二儿子之后才大赦。结果，大儿子悲伤地带着弟弟的尸体回家了，全家人除范蠡外都痛哭失声，悲伤不已。范蠡对人解释说："这个结局我早就料到了。我当初之所以派小儿子去，是因为他是在我发财之后长大的，对钱财无所谓，不懂得爱惜；而大儿子一直跟我在商场摸爬滚打，知道挣钱不易，所以爱惜钱财。也正因为他惜财，所以才办不成事。"（《史记·越王勾践世家》）

这则"惜财杀弟"的典故也叫作"范蠡救子"，它所涉及的道理其实是多方面的，诸如孩子教育、兄弟间的竞争、如何看待钱财，等等，读来启人深思。

西汉末期，王莽当政，继而又假造符命，自立为皇帝，建立“新”朝。即位之后，他不再需要符命作外衣了，又怕别人也利用符命效仿他夺位，于是就一反常态，严厉打击继续制造符命的人。学者刘棻（刘歆之子）等人就是其中的牺牲品，被王莽残酷杀害。不仅如此，王莽还派人追查与他们有牵连的人。扬雄当时正应诏在天禄阁上校理国家图书，听说朝廷派人来逮捕他，自恐难逃一劫，就准备自杀，纵身从阁楼上跳了下去。好在扬雄命大，当时并没摔死，而且身体也无大碍。

那么，“扬雄投阁”和刘棻有什么牵连呢？原来，刘棻曾经跟随扬雄学习奇字这种古文字体，他们之间有师徒关系，但他并不知道刘棻曾参与制造符命之事。后来，王莽派人查清了事实，就赦免了扬雄。不过，由于扬雄师徒二人名气很大，所以他的投阁之事在京城里还是引起了很大的风波，人们讽刺他们说：“惟寂寞，自投阁；爰清静，作符命。”意思是说作为文士的扬雄由于不甘寂寞和清静而作符命，最终被牵连而遭受祸殃。

赤壁之战后，作为兵家必争之地的荆州七郡被刘备、曹操、孙权三家瓜分，其中，刘备得到荆州南部四个郡（长沙、零陵、桂阳、武陵）。他屯兵公安，不利于发展，便向孙权两次提出借荆州的南郡，东吴鲁肃劝说孙权暂时将南郡借给了刘备，于是刘备便有了荆州五郡（南郡、长沙、零陵、桂阳、武陵），北抗曹操，东和孙权，得益州（今四川），建立了蜀汉基业。当东吴再三索要时，刘备又以各种理由再三推拖。于是，东吴大都督周瑜想用计取回荆州。

东吴获悉刘备的甘夫人新丧之后，周瑜建议孙权假意将其妹妹许配刘备，赚刘备来东吴成婚，然后拘囚刘备，索要荆州。孙权答应此事，命吕范过江提媒。孔明知道后，将计就计，劝刘备答应这门亲事，一方面派孙干和吕范回见孙权，商定娶亲事宜，择日就婚东吴；另一方面派赵云护送刘备，并交给他三个锦囊，要赵云依次依计行事。

「甘露寺相亲」

建安十四年（公元209年）冬，刘备由赵云、孙干陪同，进入吴境。赵云开看第一个锦囊，让刘备拜访乔国老，并命随行的士兵披红挂绿，购买婚礼所需要的用品，大肆宣扬刘备与孙公主即将成亲的消息。第二天在甘露寺相亲，吴国太看中刘备，一锤定音：择日定亲。周瑜闻听此事，懊恼不已。他又心生一计，要孙权软禁刘备于宫中，提供锦衣美食、音乐歌女，企图软化刘备斗志，疏远刘备与关羽、张飞、诸葛亮的关系。赵云见状，深感忧虑，拆开第二个锦囊，诈称曹操起精兵五十万，杀奔荆州而来！请主公马上回荆州！

刘备夫妇商定：以到江边祭祖为名，离开吴境，潜回荆州。孙权得知刘备走脱，忙派陈武、潘璋、蒋钦、周泰率兵去追。周瑜派徐盛、丁奉领兵在必经之路防守。在危急时刻，赵云翻看第三个锦囊，并把孔明的计策告与刘备。刘备在孙夫人车前，流泪倾诉心腹话，道尽事情的始末，请求夫人帮自己脱离危险。

孙夫人得知后，异常气愤，奋不顾身，当面叱责吴将让道，使刘备得以死里逃生。

当周瑜亲统水军截杀而来之时，刘备已经弃船上岸，乘马疾行。周瑜追至半途，大将关羽杀出，周瑜举止失措，慌忙败退，吴兵大败。周瑜逃得性命，回到船上，就听岸上刘备士兵齐声大叫："周郎妙计安天下，赔了夫人又折兵！"（《三国演义》）周瑜恼羞成怒，大叫一声，金疮迸裂，倒在船上。

刘琰（字威硕），豫州鲁国（今山东曲阜）人。刘备在豫州牧任上之际，征辟他为州从事。因与刘备是同宗同姓，又有名士风流，擅长谈论，刘备待他十分亲善，刘琰便跟随在刘备身边应酬交际，常常作为刘备的宾客。

刘备平定益州，任命刘琰为固陵太守。刘禅登位后，被封为都乡侯。

但刘琰不参与管理国家政务，只是领兵千余人，跟随诸葛亮坐谈讽议，提些批评劝谏建议而已。他的车马、饮食和服饰，在当时的蜀汉可算是奢华至极。又有侍从婢女数十人，皆能表演声乐，刘琰又尽教她们诵读《鲁灵光殿赋》。

建兴十年（公元232年），刘琰与前军师魏延失和，说了许多狂妄荒诞的话，受到诸葛亮的批评责备。刘琰写信向诸葛亮作了深刻的检查反省，也得到了诸葛亮的宽容与优待，虽被遣送回成都，但其官位不变。

建兴十二年正月，刘琰妻胡氏入宫向太后祝贺新春，太后命令留下胡氏，过了一个月胡氏才出宫回家。胡氏很有美色，刘琰怀疑她与后主刘禅私通，但又无可奈何，就叫行刑的吏卒责打胡氏，“至于以履搏面，而后弃遣”。也就是用鞋子抽打胡氏的脸部，然后休弃胡氏，遣送回家。

胡氏随即向官府控告刘琰，因此事牵扯到后主刘禅，官府不得不将刘琰逮捕入狱。执法官员指责刘琰说：“卒非挝妻之人，面非受履之地。”（《三国志·蜀书·刘琰传》）意指吏卒不是责打妻子的人，脸部不是承受鞋子的地方。刘琰因此被判处死刑，斩首弃市。

「蜀汉后主刘禅」

刘禅（字公嗣，小字阿斗），涿郡涿县（今河北涿县）人，先主刘备之子。初由诸葛亮辅政，可谓“任贤相则为循理之君”；诸葛亮死后，他信任宦官黄皓，可谓“惑阉竖则为昏暗之后”（《三国志·蜀书·后主传》）。公元263年，魏军进迫成都，出城投降，被封为安乐公。

蜀汉灭亡以后，刘禅一家被迫迁往洛阳，封安乐县公。一次，司马昭设宴款待刘禅，并让蜀人为之表演蜀乐，蜀官个个感伤不已，啜泣堕泪，而刘禅却嬉笑自若。司马昭对贾充说：“人之无情，乃可至于是乎！虽使诸葛亮在，不能辅之久全，而况姜维邪？”意指一个人没有心肝，难道能达到如此地步吗？即使诸葛亮在，也无法辅助他得以长久维持下去，何况姜维呢！贾充的回答可谓一针见血：“不如是，殿下何由并之？”（《三国志·蜀书·后主传》裴松之注引《汉晋春秋》）这是说：“如果不是这样，殿下又怎能吞并蜀汉呢？”

另有一次，司马昭又问刘禅说：“颇思蜀否？”刘禅答道：“此间乐，不思蜀。”郄正听到后，求见刘禅，并且献言说：“若王后问，宜泣而答曰‘先人坟墓远在陇、蜀，乃心西悲，无日不思’，这样晋公就会放您回归四川了。”酒席将结束时，碰巧司马昭又问：“颇思蜀否？”刘禅就拿郤正的话来回答。司马昭惊异地说：“何乃似郤正语邪！”刘禅大惊，睁圆两眼说：“诚如尊命。”（《三国志·蜀书·后主传》裴松之注引《汉晋春秋》）就是“确实如您所说”。左右的人大笑不止。于是，司马昭深喜刘禅诚实，对他也就不再有什么疑虑。

“乐不思蜀”这件事的前因后果，在《三国演义》中被作者罗贯中用文学笔法进行了精彩描写，并这样写诗评价刘禅：“追欢作乐笑颜开，不念危亡半点哀。快乐异乡忘故国，方知后主是庸才。”所言非常中肯。

西晋河东安邑（今山西运城）人卫玠（字叔宝），五岁时，神态就异于常人。祖父说：“这孩子与众不同，只是我年纪大了，看不到他长大成人了！”年少时，卫玠乘坐羊车到街市上去，看到的人都认为他是“玉人”，以致于观者倾都。据《晋书·卫玠传》说：“骠骑将军王济，玠之舅也，俊爽有丰姿，每见玠，辄叹曰：‘珠玉在前，觉我形秽。’又尝语人曰：‘与玠同游，炯若明珠之在侧，朗然照人。’”后因天下大乱，移家南行，转至江夏，年二十七岁卒于南昌。

关于卫玠之死，至少有两种说法，其一是“谈杀说”，即因谈话过多，加重病情而死。《世说新语·文学》所载：“卫玠始渡江，见王大将军。因夜坐，大将军命谢幼舆（谢鲲字）。玠见谢，甚悦之，都不复顾王，遂达旦微言。王永夕不得豫。玠体素羸，恒为母所禁，尔夕忽极，于此病笃，遂不起。”其二则是“看杀说”，即常被围观，不堪其累而病亡。《世说新语·容止》载：“卫玠从豫章至下都，人久闻其名，观者如堵墙。玠先有羸疾，体不堪劳，遂成病而死。时人谓‘看杀卫玠’。”认为卫玠南渡后到豫章，然后到下都（东晋都城建康），因为人长得漂亮，名气又大，所以“观者如堵墙”。由于不堪劳累，遂病而死。

有关卫玠死因的两种说法，相比之下，前一种较为可信，后者则略显荒诞。据南朝刘孝标和现代学者余嘉锡先生考证，南渡之后，卫玠到过豫章，但并未到下都（即今南京）。那么，下都人看杀卫玠的故事就纯属虚构了。不过，这个极具戏剧性的故事，的确反映了当时的社会风气的真实状况。

结合史料可以看出，卫玠原本体弱多病，如果真是出门就被围观，长此以往，不胜其扰，倒的确会影响其生活质量的。因此，这个故事即便出于虚构，也同样有它的价值所在。

东晋穆帝永和九年（公元 353 年），扬州刺史殷浩为中军将军，假节都督扬、豫、徐、兖、青五州军事，起兵北伐，意在收复中原。因前锋姚襄叛变，导致殷浩大败而归。这位曾被桓温赏识，又被他忌恨的人，被上表弹劾，削职为民，徙居信安。

据《世说新语·黜免》记载：“殷中军被废，在信安，终日恒书空作字。扬州吏民寻义逐之。窃视，唯作‘咄咄怪事’四字而已。”这段话的大意是说：殷浩被罢官废为庶人，住在信安县，整天总是对空书写文字。扬州的官吏和百姓因仰慕他而追随他来到信安。他们偷偷观察，原来只写“咄咄怪事”四个字而已。

「北伐中原，收复故土是东晋的国家目标。殷浩在客观条件大好的情况下吃了败仗，所以耿耿于怀，难以理解」

军事胜败本是常事，因败绩而遭此重遣，难怪殷浩感叹为“咄咄怪事”。不过殷浩此人善谈玄理，颇负盛名，原来也是个善于清谈而缺乏实干之人。王羲之就曾劝他大敌当前应以国事为重，殷浩不听，领兵北伐，屡战屡败，被废为平民，流放信安，可谓咎由自取，罪有应得。他只好对空书写“咄咄怪事”四字来表达心中的郁郁不平之气了。

安居择邻，这是中国人自古就有的处世原则之一，这在早期，影响最大的莫过于“孟母三迁”的事例了。而到了南朝齐、梁时期，南康郡守宋季雅更演绎出“千万买邻”的豪放与任性。

起初，广陵（今江苏扬州）人吕僧珍（字符瑜），曾任萧衍的中军参军，被视为心腹。萧衍建立梁代后，吕氏又被任为冠军将军、前军司马，封为平固县侯，领南兖州刺史。尽管他功劳卓著，重权在手，但为人谦虚谨慎，品德高尚，不仅为梁武帝萧衍所器重，也为时人所仰慕。

南康郡守宋季雅卸任后，回到了都城建康（今南京），在吕僧珍的住宅旁买了一所宅院。吕僧珍问他房子的价钱是多少，宋季雅说是一千一百万。吕僧珍认为价钱太高。宋季雅却说自己是一百万买房子，一千万买个好邻居。可见，吕僧珍在当时人心目中的地位之高。

古往今来，人的好恶癖性千奇百怪，五花八门，但如果说有人爱吃疮痂以至于成癖，应该是不可思议了。

南朝宋开国功臣刘穆之之孙、刘虑之之子刘邕，继承祖父爵位。先时凡是郡县为封土立国的，内史、相都对国主称臣，离职后便终止称臣。到世祖孝建年间，革除这种制度，改为下官对封国主表达敬意。

河东王歆之曾做南康（今江西省南康县）相，平素看不起刘邕。后来王歆之与刘邕一同参与天子元旦朝会群臣，两人同坐一起。刘邕生性喜好喝酒，对王歆之说："你往日对我称臣，而今不能敬我一杯酒吗？"王歆之于是模仿孙皓的歌儿回答道："昔日做你的臣子，今日与你并肩平等。既不敬你的酒，亦不祝愿你延年益寿。"

刘邕每到一处喜好吃人身上的疮痂，觉得它的味道像鳆鱼。他曾经到孟灵休家，灵休先时因艾炙灼伤落下疮痂，疮痂掉到床上，刘邕便把它拾起来吃了。孟灵休大为惊讶。刘邕回答说："这是我的生性所喜好。"孟灵休只好把没有脱落的疮痂也都剥取下来，然后拿来送给刘邕吃。刘邕离去后，孟灵休写信给何勖说："刘邕前些时候来看我，剥我身上的疮痂吃，导致全身流血。"

后来，刘邕命所属的南康封国二百多名官吏，不问有罪没有罪，每人须轮番挨鞭，致伤以成痂，鞭打后的疮痂常常用来供作膳食。

这个吃惯了山珍海味的豪门贵族，产生了病态的嗜好，在当时没准还被视为"名士风范"，可见，它只能是病态社会里的病态之举，实在令人难以接受。

南朝宋会稽诸暨人阮佃夫，出身小吏，湘东王刘彧出就藩封时，选为主衣（执掌帝王服玩等事），后请为世子师，颇受信任。

「阮佃夫」

南朝宋前废帝景和（公元465年8—11月）末期，阮佃夫与人在后堂密谋杀害了前废帝刘子业。明帝时，论功行赏，封他为建城县侯，迁南台侍御史。阮佃夫与密谋诸人共掌朝廷大权，乘机大受贿赂，凡事非重赂不行。家中珠玉锦绣，富于宫廷，住宅园林，超过王府；蓄养女伎数十人，才貌冠绝当时。他生活骄淫豪奢，凡制一新衣，造一器物，京城中纷纷仿效。当时官爵泛滥，阮佃夫手握予夺之权，仆从皆为高官，拉车人为虎贲中郎，马旁随从为员外郎。朝士无论贵贱，无不奉承巴结。

后废帝刘昱即位，阮佃夫兼中书通事舍人，加给事中、辅国将军，职权更重，骄横愈甚。

据《南史·阮佃夫传》记载："庐江何恢有妓张耀华美而有宠，为广州刺史，将发，要佃夫饮，设乐，见张氏，悦之，频求。恢曰：'恢可得，此人不可得也。'佃夫拂衣出户，曰：'惜指失掌邪？'遂讽有司以公事弹恢。"意思是说：何恢被任命为广州刺史，即将赴任前，邀请阮佃夫至其家饮宴欢歌。席间，阮佃夫见何恢宠妓张耀华貌美绝伦，按捺不住，便想把她弄到手。他向何恢多次提出索要，何恢也是一好色之徒，正宠爱她如掌上明珠，便不假思索地一口回绝道："要我张恢可以，要此人不可能。"阮佃夫很不高兴，拂袖而出说："你舍不得手指，恐怕要失去手掌吧！"于是暗中指使有关职司以公事弹劾何恢，何恢不久就被免官。诸如此类滥作威福之事很多，无人敢禁。

后废帝荒唐不守法度，爱出宫漫游田猎，阮佃夫为久握大权，想废长立幼。他与直阁将军申伯宗、步兵校尉朱幼、于天宝等密谋杀死刘昱，拥立其弟刘准。事未成，被人告发，最后被赐死。阮佃夫也被后世列为古代十大奸臣之一。

唐玄宗时，特别宠爱杨贵妃，杨氏家族也因此"姊妹弟兄皆列士，可怜光采生门户"，真可谓"一人得道，鸡犬升天"。她的堂兄杨钊不学无术却因为杨贵妃的原因在宰相李林甫死后而成为继任者。

「虢国夫人游春图(局部)」

善于投机钻营的杨钊受到唐玄宗赏识和重用后，一跃成为朝廷重臣，也被赐名“国忠”。而其本人却是小人乍富的心态，在有了权势之后，更是变本加厉地结党营私。政绩上不仅毫无作为，还把朝堂搞得乌烟瘴气，最终导致“安史之乱”的发生。

天宝十二年(公元753年)春，诗人杜甫鉴于对杨国忠兄妹骄奢淫逸、嚣张跋扈的愤慨，写出了著名的《丽人行》一诗，以讽刺杨家，其中有“炙手可热势绝伦，慎莫近前丞相嗔”的句子，表达了对杨国忠小人行径的不满。

靠近了便觉得发烫，这是典故“炙手可热”的字面含义，是杜甫对权势和气焰盛极一时的杨氏家族的准确描写。

在中国古代，勾践尝便的励志之行、黔娄尝便的至孝之举都曾感动过无数的后人。但如果把尝便当作巴结人的手段则就令人生厌了。

唐代庐江(今安徽庐江县)人郭霸，生卒年不详。武则天当政初期，他先后任左台监察御史、左台殿中侍御史、右台侍御史。为了在武则天面前表现其忠心，曾讨好地说：“往年征徐敬业，臣愿抽其筋，食其肉，饮其血，绝其髓。”武则天听了自然非常高兴，很快任用他为御史，时人号为“四其御史”。

当时御史魏元忠卧病，郭霸前去看望，强烈要求像当年越王勾践一样亲自尝便，弄得魏元忠惊惧不已，郭霸却毫无廉耻，还说：“大人的粪便味甜或许病会不好说，但现在味苦，应该没事了。”魏元忠为人刚正，特别厌恶此事，在朝廷揭露了郭霸的嘴脸。后人又称其为“尝便御史”。

这位尝便御史在职期间审问案子，大多用“搒捶考禁”之法，常把人折磨致死。后来，他常常梦见被其枉陷而死的芳州刺史李思征，便请僧人转经设斋，恍惚中见李思征一行人来索命，他惊恐不安，结果自剖而死。碰巧，这一天，武则天问群臣：“今日外边有没有什么喜事？”一贯滑稽的舍人张元脱口而出道：“洛阳桥修成，郭霸身死，总共两件喜事。”百姓对郭霸的憎恶可见一二。

唐昭宗时，有一个专门治疗痈病的医生叫孟斧。他住在国都长安，经常被请到宫中帮皇帝和妃子们治病。因为经常出入皇宫，所以他对皇宫的一切很熟悉，尤其是看到皇宫里的人们总是过着荒淫奢侈的华丽生活，更是印象深刻。后来黄巢领导的起义军攻打长安时，他吓得急忙逃出长安，躲到四川。

在四川，孟斧因为想念皇宫中的生活，就根据自己的记忆，模仿皇宫的装饰布置自己的家。他把家中布置的跟皇宫一样华丽，其中有一间光线很好的房间，孟斧把其中所有东西的表面全部都糊上一层黄金做成的薄纸。在阳光的照射下，满屋子金光闪闪，让人觉得像是住在金子做成的屋子里。所有到过这屋子的人都说：“在这个屋子里呆上一会儿，就会沉迷陶醉在满屋的金纸之中。”

唐代的王鲁做当涂（今属安徽省）县令时，搜刮民财，贪污受贿。有一次，县民控告他的部下主簿有贪腐行为。他见到状子，十分惊骇，不由自主地在状子上批了八个字：“汝虽打草，吾已惊蛇。”（唐段成式《酉阳杂俎》）

「打草惊蛇对古今官场的讽刺意味」

原来，状子里所揭发的他的属下那些劣迹，很多跟他曾经的所做所为极为相似，并且不少还与他有牵连，因而越想越怕，生怕老百姓再告下去就会告到他头上，于是不由自主地把当时真实的内心感受写在了卷宗上。意思是：你们虽然仅仅只搅动了草丛，我却像草丛里的一条蛇，被吓住了。

北宋时的陈慥（字季常），是眉州青神（今四川眉山市青神县）人。他个性狂放不羁，傲视世间，视荣华富贵为粪土。尽管是官宦之后，仍然不坐车，不戴官帽，和那些爱摆架子、摆谱的人大不一样。他隐居在龙丘（今湖北武汉市新洲区），信佛参禅，遇到了因为“乌台诗案”被贬至黄冈的苏东坡，二人从此成为了好友。

「张柏芝版《河东狮吼》电影剧照」

陈慥家中养有歌妓，每当客人造访时，陈慥就会让歌妓出来跳舞，供客人欣赏。而陈慥的妻子柳氏，每次见他让歌妓出去招待客人时，便醋性大发，用木杖敲打墙壁大喊大叫。苏东坡知道这件事后，就写了一首诗调侃陈季常：

龙丘居士亦可怜，谈空说有夜不眠。

忽闻河东狮子吼，拄杖落手心茫然。

这则故事后来被洪迈写进了《容斋三笔》里，广为流传。“河东”本是地名，代指山西。因黄河流经山西省的西南境，则山西在黄河以东，故这块地方古称河东。秦汉时指河东郡地，在今山西运城、临汾一带。在魏晋至隋唐时期，这里是柳姓人的郡望所在，故在此是指柳氏。“狮子吼”其实本是佛家的一个用语，意指佛祖在众生面前讲法，无所畏惧，如狮子大吼，使众生猛醒。此处比喻柳氏骂声之洪亮。

“河东狮吼”典故的主题是比喻和讥讽柳氏叫骂声之洪亮，具有震慑作用。同时也彰显了她的强势以及作为丈夫的陈慥为人孱弱好欺负。

北宋陵州贵平（今属四川仁寿）人孙光宪在《北梦琐言》记载一个故事：一位姓朱的秀才非常爱喝酒，参加举人考试落榜后，去拜访老乡——陇州防御使巩咸。

朱秀才曾是蜀郡的将领，武人出身，也是一位爱酗酒的人。他新打造了一口剑，想找人来试试剑的锋利程度，于是趁朱秀才喝醉之机，假装惋惜地说道：“哪里找一位英雄好汉，好让自己试一下宝剑呢？”朱秀才便仗着酒劲，伸着脖子将头凑到了巩咸近前，巩咸手起刀落，朱秀才便身首异处了。

朱秀才稀里糊涂地“身首异处”，成了人家的刀下之鬼，实在可惜。不过，他交上了这位不知轻重好歹的武人朋友，又分明是交友不慎啊！

北宋著名文学家苏轼在朝廷纷繁复杂的政治斗争中，每每以失败告终。即便如此，政敌们也不会轻易放过他，从宋哲宗绍圣元年（公元 1094 年）到绍圣四年短短几年时间里，苏轼被一贬再贬，直至南国惠阳（今广东惠州）。他原来的端明殿学士、翰林侍读学士称号等，也先后被取消。

苏轼在惠阳居住了三年左右，由于当时消息闭塞，人们多以为他已经死去。其实，苏轼后来又被贬谪到海南岛的琼州。直到元符三年（公元 1101 年）哲宗病逝，宋徽宗继位大赦天下，苏轼才得以有机会北归。所以，当苏轼路过南昌时，碰到了南昌太守叶祖洽，叶祖洽见到他，大为惊愕，半开玩笑地说：“人们都说你归了仙山，没想到你还在人间游玩呢（游戏人间）！”意思是说，人们都传说你死了，没想到你还在活着呢！

「苏轼」

南宋时期，以“精忠报国”为志向的岳飞率领岳家军英勇抗击金军的侵略，所向披靡。金军闻风丧胆，指使投诚的秦桧回南宋朝廷，离间岳飞君臣的关系。岳飞父子等被秦桧诬陷治罪，为人正派的名将韩世忠心中不平，就去责问秦桧。秦桧说：“飞子云与张宪书虽不明，其事体莫须有。”（《宋史·岳飞传》）意思是说：岳飞儿子岳云给张宪的反动信，虽然找不到了，但岳飞的罪名，难道没有吗？

「岳母刺字」

关于“莫须有”三字的意思，历来争议很多。传统解释为“恐怕有”、“也许有”。清人徐乾学、朱彝尊、毕沅认为是“必须有”，俞正燮认为当读成“莫，须有”。而从宋代的文献史料里可以归纳看出，“莫须”的语义，应该是“难道不”或“难道没”的意思。“莫须有”三个字，即“难道没有吗？”在当时，岳飞经常冒犯皇上，常常表露出迎还被金人掳走的徽、钦二帝回国的想法，这种结果让宋高宗赵构难以接受，所以岳飞被杀也在情理之中。用这种语气解读，才与当时针锋相对的对话环境相吻合，也才说得通。

「秦桧及其妻王氏」

秦桧（公元1090—1155年，字会之），宋朝江宁府（今江苏南京）人。北宋末年任御史中丞，与宋徽宗、钦宗一起被金人俘获。南归后，任礼部尚书，两任宰相。他是中国历史上十大奸臣之一，因以“莫须有”的罪名处死岳飞而遗臭万年。

秦桧为人阴险专横，在朝为官期间，排除异己，屡兴大狱，在以“莫须有”的罪名杀害岳飞之前，曾经和他的夫人王氏在东窗下商量该如何诬陷岳飞。秦桧死后在地狱里受苦，其妻王氏请道士做法事为秦桧招魂、超度，道士对王氏说，你们陷害岳飞的事情已经泄露了，秦桧正在地狱受审（明田汝成《西湖游览志余》卷四）。后以“东窗事发”比如阴谋泄露。

范进是清代小说家、安徽全椒人吴敬梓（公元1701—1754年）所著章回体长篇讽刺小说《儒林外史》中的人物。这个一直生活在穷困之中的士人，始终不停地应试，考了二十多次，到五十四岁才中了个秀才，最终喜极而疯。他对人低三下四，对来自周围人们的侮辱、轻蔑和嘲笑都默默接受下来，不敢有丝毫的反抗。

「范进」

吴敬梓通过这个形象深刻地揭露了这个士人的丑恶灵魂，同时通过他的命运变化反映了世态的炎凉，向人们昭示了封建时代的科举制度是套在读书人身上的精神枷锁。

范进正是封建时代千千万万个热衷功名的下层知识分子的典型。“范进中举”这个来自小说中的典故，原本在于讽刺当时士人热衷于科举，一旦功名到手就惊喜若狂甚至发疯的真实状态，后来也把它泛用于比喻某些人在经过努力，追求的目标实现后得意忘形的样子。

郑板桥（公元1693—1765年，名燮，字克柔），江苏兴化人。清代官吏、书画家、文学家，是著名的“扬州八怪”之一。他的字画出名后，来求者络绎不绝，不少人还分文不给，这让他不胜其烦，于是决定把字画向世人明码标价，以求维持生计。

不过，郑板桥也有自己的原则，若是他看不上的客户，即使给钱也不轻易答应。一次，一个盐商愿出银子一百两请他写一幅字，被他拒绝了，弄得那个盐商只好怏怏而去，只得另想法子。

郑板桥爱吃狗肉，远近皆知。一天，他外出回家时，忽然从一所茅草

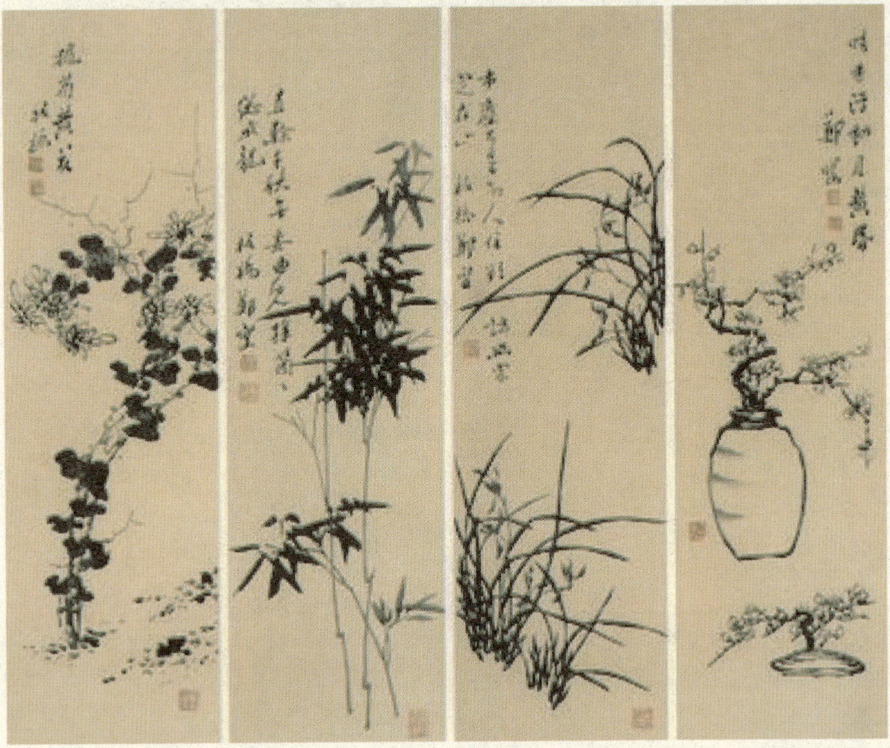

「郑板桥画作」

屋子闻到了狗肉的香味。他不由自主地走了过去。他向主人自我介绍并说明来意，主人一听，喜不自禁，连忙请他吃狗肉。吃完后，主人又请他到书房喝茶叙话。只见四壁所挂，皆名人书画，书案之上，琳琅满轴，纸墨齐备。此情此景，让郑板桥觉得这家主人很有品位，与自己是同好之人，同时作为答谢，便主动拿起笔来，一阵狂书，直到手腕子都累了，方才罢归。

过了一阵子，郑板桥偶然去盐商家，只见他那次在茅屋所写字画，如今竟然全都挂在盐商房中，便忙问原由，盐商据实以告，并且叫来一个仆人让郑板桥相认。郑板桥一看，原来此人就是上次给他狗肉吃的人。郑板桥这才明白，自己虽然曾拒绝为盐商写字，但最终还是落入了人家的“狗肉圈套”。

| 取譬成喻　启迪人生 |

隋唐之后，长江流域典故的数量大大减少了，事典主要是学者名人的故事，语典主要来源于诗、词、散文、小说。而寓言的发展从总体而言又形成一个小高峰，主要是因为自安史之乱后，人们不敢直词咏寄，更多的是采用具体形象的故事去说明某种道理或抒发个人的心境，所以取譬成喻、借此喻彼的寓言大量出现，也使得这个时期的寓言更加具有批判讽刺精神。

隋唐之后的中国历史，与春秋战国、三国、魏晋南北朝时期常年征战不同，这时期长江流域所发生的战争普遍历史很短。长期战争只有南宋时期与金、蒙古之间的拉锯战。所以这个时期与军事征战有关的谋臣武士、英雄故事等较少，寓言典故的数量就大大减少了，远远逊色于先秦、魏晋两个高峰时期。又由于这个时期文化成就比较高，唐诗、宋词、元曲、明清小说，都给我们留下了宝贵的财富。

自安史之乱后，文化环境日益严峻，特别是“文字狱”的兴起，更让人不敢直词咏寄，所以取譬成喻、借此喻彼的寓言典故大量出现，使得这个时期的寓言典故更具有讽刺精神。其主要来源于诗、词、散文、小说，更多是表露自己的情怀和抱负，抒发对社会的不满。

自况身世 言而有寄

安史之乱后，唐朝由盛转衰，藩镇割据、宦官专权、外患不断，社会矛盾日益尖锐，诗人们心中忧国忧民的爱国情怀日益炽盛，社会讽刺寓言应运而生。有的诗人用寓言的形式把自己的理想、抱负、愤懑等思想淋漓尽致地展现出来。随着韩愈、柳宗元等人领导的古文运动的兴起，揭示社会矛盾，讽刺不良社会现象的寓言如雨后春笋般冒出。继承韩柳古文传统，皮日休、陆龟蒙、罗隐等人创作了大量小品文，以反映时代风貌、揭露朝政腐败，这些小品文中的讽刺寓言成就较高，为后世所称道。

柳宗元是我国唐朝著名的文学家，字子厚，世称“柳河东”，与唐代的韩愈，宋代的欧阳修、苏洵、苏轼、苏辙、王安石和曾巩，并称“唐宋八大家”。

柳宗元出身于官宦家庭，少有才名，早有大志。早年为考进士，文以辞采华丽为工。贞元九年（公元 793 年）中进士，十四年登博学鸿词科，授集贤殿正字。一度为蓝田尉，后入朝为官，积极参与王叔文集团政治革新，迁礼部员外郎。永贞元年（公元 805 年）九月，革新失败，贬邵州刺史，十一月柳宗元加贬永州司马（任所在今湖南省永州市零陵区），在此期间，写下了著名的《永州八记》（《始得西山宴游记》《钴鉧潭记》《钴鉧潭西小丘记》《小石潭记》《袁家渴记》《石渠记》《石涧记》《小石城山记》）。元和十年（公元 815 年）春回京师，不久再次被贬为柳州刺史。文坛的盛名，政坛的落寞，面对巨大的心理落差，柳宗元塑造了很多典型的寓言形象，抒发郁郁不得志的愤懑之情，也深刻地讽刺了社会上的种种腐朽和黑暗现实。

「夸父逐日」

如《行路难》：你可曾得知夸父追赶太阳窥探到了日落的去处，跳过了北海，越过了昆仑山。劈开云霄冲出苍茫，风驰电掣将星辰遗落身旁。没过多久便筋疲力尽在半路上干渴而死，成了豺狼野鼠争相吞食的美餐。北方有高不过九寸的矮人，鼓掌相庆，有说有笑，神采飞扬。纵使是微不足道的几滴水、几粒米，也能维持生命，使它们活到应到的寿命。张目仰视，慨叹大志少成功。人生路难，徒劳儿女空悲伤。

这是一首寓言诗，用诗的语言来叙述一个简短而生动的故事，并寄寓一定的道理、教训，语言精练、寓意深刻。“永贞革新”失败以后，柳宗元被贬永州司马，元和元年（公元 806 年）改元大赦，李纯压制柳宗元在内的八司马，“纵逢恩赦，不在量移之限”，十年之后，他才被召回京师，但旋即又被贬至柳州，由于封建士大夫一直瞧不起暴起用事的“寒俊”，他们认为王叔文是个窃取权柄的小人，而柳宗元依附于王叔文，所以自第一次被贬，流言蜚语一直伴随着他。面对政治群丑的无情羞辱和打击，柳宗元借寓言表达被贬后的复杂心路历程和政治上的失意与愤懑。

柳宗元以磅礴之势、夸张手法对“夸父逐日”的理想与胆识，以及夸父奔走的速度与形态进行了概括。尽管夸父跳踉北海、腾越昆仑、披霄决汉、瞥裂天宇、遗落星辰，但还是精疲力竭渴死路边，成为豺狼野鼠争相吞食的美餐。然而北方矮人，饮食也不过粒米滴水，亦足以终天年。柳宗元以夸父自喻，通过夸父与矮人结局的对比，不由得感慨万千，感叹自己身怀大志却被贬，抒发了对自身遭遇的不平和矛盾的心理。

又如《谪龙说》：扶风的马孺子说，他十五六岁的时候，在泽州和一群孩子在郊外的亭子里玩耍，突然，有个奇异的女子从天而降，光彩夺目，身披暗红色皮衣，上面是白色的纹理，头上戴步摇冠。少年贵族骇异但很喜欢她，试探着亲近她。奇女板起面孔怒道："不准这样。我一向居住在天中央玉帝居住的宫殿，在星辰之间上上下下，呼吸的是阴阳两气，小视蓬莱、不屑昆仑。玉帝因为我自高自大，一生气把我贬谪到这里来，七天后就回去。现在我虽然屈辱地来到尘世中，却并非是你的伴侣。我回去会给你带来灾祸的。"众人害怕便退避开。于是她来到佛寺，住在讲堂中。等到了期限，她拿了杯水喝到嘴里，喷出来后成了一片云气，五彩缤纷。又拿了皮衣来，化成一条白色的龙，盘旋飞翔登天去也，不知道它去了什么地方，也是非常怪异啊！呜呼！不是它的同类趁其被贬谪而进行猥亵，不能这样啊！马孺子不是喜欢胡吹的人，所以记录了他的故事。

「柳宗元」

唐宪宗即位后，因政治改革的失败，柳宗元被贬至永州。寓言借用扶风人马孺子之口刻画了一位积极乐观、超凡脱俗的天外奇女子形象。她冷艳轻狂、傲慢孤高，被玉帝一怒之下贬下凡尘，虽身处尘世，但仍旧圣洁，不让尘世污浊之水沾染其身，最后化身白龙，重回天宫。这则寓言主要讲的是柳宗元初被贬到永州的心情。这里，柳宗元自喻是被玉帝一生气而贬下凡的龙女，并借龙女之口说明自己被贬是因为自高自大、轻狂傲慢，但是，过不久就又要返回天庭的，这表明柳宗元对于重回朝廷和重新得到宪宗重用的信心和雄心。值得注意的是，龙女对于"贵游少年"的套近乎表示不屑一顾，表明自己是不会与朝廷中的顽固旧势力同流合污的，而这些人就像"贵族少年"一样都是凡夫俗子，是不耻为伍的，这充分表明柳宗元的洁身自好以及对遭遇的反思和对未来的信心。

又如《憎王孙文》：猿和猢狲群居在不同的山上，彼此德行不同，双方不能相容。猿的德行文静稳重，都能仁爱谦让、孝顺慈善。它们群居时互相爱护，吃东西互相推让，行走时排成行列，饮水时遵守秩序。如果有的同伴不幸失散离群，它们就发出哀伤的鸣叫；如果遇到灾难，他们首先就把弱小的幼猿保护起来。它们不践踏庄稼蔬菜。树上的果子还未成熟时，大家共同小心看护着；果子成熟之后，便呼叫同伴聚齐，这才一同进食，显得一派和气欢乐的样子。它们遇到山上的小草幼树，一定绕道行走，使其能顺利生长。所以猿群居住的山头，经常是草木茂盛郁郁葱葱的。

那猢狲的德行暴躁又吵闹，整天争吵嚎叫，喧闹不休，虽然群居却彼此不和。吃东西时互相撕咬，行走时争先恐后，饮水时乱成一团。有的离群走散了也不思念群体。遇到灾难时，便推出弱小的而使自己脱身。它们喜欢糟蹋庄稼蔬菜，所过之处一片狼藉。树上的果子还未成熟，就被他们乱咬瞎扔。偷了人们的食物，都只知塞满自己的腮囊。遇到山上的小草幼树，一定要摧残攀折，直到毁坏干净才肯罢休。所以猢狲居住的山头经常是草木枯萎一片荒凉的。

因此猿群众多时就把猢狲赶跑，猢狲多的时候也咬猿。猿就索性离去，始终不同猢狲争斗。因而动物中再没有比猢狲更可恶的了。我被贬到山区很久了，看到猢狲这样的行为，就写了这篇《憎王孙文》。

湘江江水长又长啊，两岸起伏尽是山。为什么这座山草木茂盛而那座山光秃荒凉啊，因为善类和恶类分别聚居在这两座山上。凶恶的是猢狲啊，善良的是猿，绕道而行让草木顺利生长啊制止暴残。猢狲啊太可憎！咳，山上的神灵啊，为什么不把它们斩尽杀完？

那猢狲乱跳狂叫啊，瞪眼露牙。对外毁坏东西啊，对内争夺打架。排挤打击善良的猿类啊，喧哗惊扰乱如麻。偷得百姓的食物啊，只肥自己不分给人家。塞满两颊填饱肚子啊，得意洋洋自高自大。好花美树啊粗大又茂盛，群猴争折竞咬啊变成死树枯根。毁坏了成果啊更加暴怒喧阗，百姓怨恨痛苦啊呼叫苍天。猢狲啊太可憎！咳，山上的神灵啊，为什么只有你听不见？

猿的仁慈正直啊，遭受驱逐也不计较；从容不迫地退避啊，只把美好的德行来仿效。飞廉和恶来勾结起来啊，圣人周文王就被囚禁；大禹与后稷携手合作啊，“四凶”就被铲除。小人们一旦得势啊，君子就会遭殃，有德行的人聚在一起啊，坏人就会完蛋。善与恶不能共处啊，倒霉还是幸运得视双方力量的强弱而定。弱肉强食是事物的必然规律啊，弱得祸强得福大势所趋。猢狲啊太可憎！咳，山上的神灵呀，为什么你竟安逸地闲居？

这是柳宗元被贬永州之后长时间得不到朝廷召回的又一怨恨之作。故事以猴类喻人，通过对猿“德静慈孝”和猢狲“德躁不善”的不同品德的对比，借此隐喻以王叔文为首的政治革新集团和以宦官、藩镇为主体的守旧顽固势力之间势不两立的矛盾斗争。作者满腔热情地赞颂了革新集团廉洁自律、利国安民的美好品德，无情地鞭挞了顽固守旧势力排斥异己、贪婪凶残、祸国殃民的种种罪行。

“物以类聚，人以群分”，猿和猢狲的不同品格决定了彼此间的水火不容和生活环境的天差地别。猿的品行高尚与猢狲的品德低下，这两种不同品行的对比，不仅是对类似于猿这样利人利己、高洁正直者的赞颂，而且还呈上了一场精彩的意味深厚的正与邪，以及革新与顽固的较量。

虽说自古邪不胜正，但当正义的能量明显处于弱势时，邪恶的力量就会更加猖狂。最后，有德行的猿对于没品的王孙采取避而远之的策略，象征了革新派力量的弱小以及革新的悲剧性。

《三戒》是柳宗元写的一组寓言，包括《临江之麋》、《黔之驴》、《永某氏之鼠》三篇。这组寓言是作者贬谪永州时所写，题目出自《论语·季氏》：“君子有三戒”，寓有警戒之意。

我常常厌恶世上的有些人，不知道考虑自己的实际能力，而只是凭借外力来逞强；或者依仗势力和自己不同的人打交道，使出伎俩来激怒比他强的对象，趁机胡作非为，但最后却招致了灾祸。有位客人同我谈起麋、驴、鼠三种动物的结局，我觉得与那些人的情形差不多，于是就作了这篇《三戒》。

临江之麋：临江有个人出去打猎，得到一只幼麋，就捉回家把它饲养起来。刚踏进家门，群狗一见，嘴边都流出了口水，摇着尾巴，纷纷聚拢过来。猎人大怒，把群狗吓退。从此猎人每天抱着幼麋与狗接近，让狗看着习惯，不去伤害幼麋，并逐渐使狗和幼麋一起游戏。经过了好长一段时间，狗都能听从人的意旨了。幼麋稍微长大后，却忘记了自己是麋类，以为狗是它真正的伙伴，开始和狗嬉戏，显得十分亲密。狗因为害怕主人，也就很驯顺地和幼麋玩耍，可是又不时舔着自己的舌头，露出馋相。

这样过了三年，一次麋独自出门，见路上有许多不相识的狗，就跑过去与它们一起嬉戏。这些狗一见麋，又高兴又恼怒，共同把它吃了，骨头撒了一路。麋至死都没有觉悟到这是怎么回事。

黔之驴：黔地没有驴子，喜欢多事的人就用船把驴运了进去。运到以后，发现驴子没有什么用处，就把它放到山下。老虎看到驴子那巨大的身躯，以为是神仙。就躲到树林间暗中偷偷地看，一会儿又稍稍走近观察，小心翼翼，但最终还是识不透驴子是什么东西。

一天，驴子大叫一声，老虎非常害怕，远远地躲起来，以为驴子将要咬自己，极为恐惧。然而来回观察驴子的样子，觉得它并没有什么特别的本领。后来老虎更听惯了驴子的叫声，再走近驴子，在它周围徘徊，但最终还是不敢上前。又稍稍走近驴子，碰撞、靠近、冲击、冒犯它，驴子忍不住大怒，就用蹄来踢。老虎见了大喜，心中盘算道："本领不过如此罢了。"于是老虎腾跃怒吼起来，上去咬断了驴子的喉管，吃尽了驴子的肉，然后离去。

唉！驴子形体庞大，好像很有法道；声音洪亮，好像很有本领。假使驴子不暴露出自己的弱点，那么老虎虽然凶猛，也会因为疑虑畏惧而终究不敢进攻，而现在却落得这个样子，真是可悲啊！

永某氏之鼠：永州有某人，怕犯日忌，拘执禁忌特别过分。他认为自己出生的年分正当子年，而老鼠又是子年的生肖，因此特别爱护老鼠，家中不养猫狗，也不准仆人伤害它们。他家的粮仓和厨房，都任凭老鼠横行，从不过问。

因此老鼠就相互转告，都跑到某人家里，既能吃饱肚子，又很安全。某人家中没有一件完好无损的器物，笼筐箱架中没有一件完整的衣服，吃的大都是老鼠吃剩下的东西。白天老鼠成群结队地与人同行，夜里则偷咬东西，争斗打闹，各种各样的叫声，吵得人无法睡觉。但某人始终不觉得老鼠讨厌。

过了几年，某人搬到了别的地方。后面的人住进来后，老鼠仍和过去一样猖獗。那人就说："老鼠是在阴暗角落活动的可恶动物，这里的老鼠偷咬吵闹又特别厉害，为什么会达到这样严重的程度呢？"于是借来了五六只猫，关上屋门，翻开瓦片，用水灌洞，奖励仆人四面围捕。捕杀到的老鼠，堆得像座小山。都丢弃在隐蔽无人的地方，臭气散发了数月才停止。

唉！那些老鼠以为吃得饱饱的而又没有灾祸，那是可以长久的吗？

在《三戒》之中，尤以《黔之驴》广为后世所知，而对其余两篇知之甚少，对《黔之驴》的理解认识也无非就是"黔驴之技"、"黔驴技穷"。其实，作者的真实寓意往往不在其字面，而是将作者的人生体验、生活哲理蕴涵其中，正如林纾在《春觉斋论文》中评柳氏寓言之语："手写本事，神注言外。"结合柳宗元的生平，读其《三戒》，我们便能品味出：麋之可怜，驴之可悲，永鼠之可憎！

寓言中的麋鹿、驴子、老鼠的共同特点是"不知推己之本"，没有找到自己合适的位置，在这里，我们可以联想到柳宗元当时的境遇。当时，柳宗元变法失败，遭政敌打击，被贬永州。政敌们仍不肯放过他，造谣诽谤，人身攻击，把他丑化成"怪民"，而且好几年后，也还骂声不绝。在永州，残酷的政治迫害，艰苦的生活环境，使柳宗元悲愤、忧郁、痛苦，贬谪生涯所经受的种种迫害和磨难，并未能动摇柳宗元的政治理想，他坚定的信念在《三戒》中被很好地表现出来。《临江之麋》所讽刺的是"依势以干非其类"，就是倚仗他人势力求得与对方要好的那种人，暗讽了当时在最高统治者庇佑下求得生存的那些官僚；柳宗元用"黔之驴"比喻外强中干、实无所用的庞然大物，也讽刺了当时为非作歹的宦官集团，暗示他们终有黔驴技穷的一天；《永某氏之鼠》把那些自以为"饱食而无祸"的人比作老鼠，指出他们"为态如故"，以"饱食无祸为可恒"，那他们一定会遭到彻底被消灭的惨祸。这则寓言，深刻有力地讽刺了纵恶逞凶的官僚和猖獗一时的丑类。作者通过这几则小寓言，既写出了自己对生平遭遇的悲叹和不平，又用自己的方式向打压自己的敌人予以还击，告诫他们凡是害人的东西，即使一时可以找到“保护伞”，但这种庇护是不可能长久的，最终还是没有好下场。

公元960年，后周殿前都点检赵匡胤利用手中兵权发动陈桥兵变，黄袍加身，建立宋朝。鉴于中唐以来藩镇割据、安史之乱的教训，宋太祖决定采用崇文抑武的基本国策，“杯酒释兵权”，解除军将拥兵自重的可能，重用文臣。于是宋代文学在崇文抑武的国策影响下发展起来。文人士大夫除了把强烈的社会使命践行在政治道路上，还沿袭儒家尤其是唐代韩愈等人古文运动时倡导的“文以载道”观念，重视诗词等文艺作品的教化功用，其中不乏揭露社会矛盾、讽刺不良现象之作。

苏轼对宋代寓言的贡献是巨大的，不仅表现为其所写寓言的数量之多，更多的在于他的寓言中理论渊源和寓意技法更为后世称道和效法。

在寓言的创作上，苏轼受《庄子》和柳宗元的影响较大，他的文法和老庄汪洋肆意的风格一脉相承，而他的《二鱼说》从小序到正文都是有意模仿柳宗元的《三戒》。

苏轼在继承前人思想和技法的基础上也不乏创新，他的寓言除了具有宋代寓言整体风格之外，还兼有诙谐和幽默。这样的创作风格显然和他的生平经历密切相关。政治上的屡遭挫折、生活中的颠沛流离都直接反射到他的文学作品上，豪放、豁达皆为他的文学品格，诙谐幽默则是他看透人世、揭露人性以及抒泄情怀的独特方式。诙谐幽默的技法对后世的影响深远，直至发展成为明清寓言的整体风格。

如《戏书李伯画御马好头赤》（《苏东坡全集》）：山西战马饥无肉，夜嚼长稭如嚼竹。蹄间三丈是徐行，不信天山有坑谷。岂如厩马好头赤，立仗归来卧斜日。莫教优孟卜葬地，厚衣薪槱入铜历。

诗歌通过描写战马和御马相差悬殊的劳作与待遇，揭示了人才废置没落、庸人飞黄腾达的不合理现实：山西战马“蹄间三丈”、“不信天山坑谷”，尽管它们出生入死、久经沙场，并且至今仍然担负着保家卫国的神圣使命，但却只能“夜嚼长稭如嚼竹”，为国效力而待遇菲薄，以至体瘦骨削，惨不忍睹。而皇帝御用的厩马，并无特殊的才能或杰出的贡献，仅依靠其仪表而博得世人欢心，但它们却饱食终日，从无劳役所累。此诗虽标明“戏书”，实际上表达的是非常严肃的主题。在诗中，作者借对比以达意，再配合画龙点睛的议论，令人在怜惜之后不得不再生厌恶之情。结合苏轼的生平经历，诗人在这贤愚颠倒的扼腕叹息中，也暗含着对自己身世的慨叹。

又如《以双刀遗子由子由有诗次其韵》(《苏东坡全集》)：宝刀匣不见，但见龙雀环。何曾斩蛟蛇，亦未切琅玕。胡为穿窬辈，见之要领寒。吾刀不汝问，有愧在其肝。念此力自藏，包之虎皮斑。湛然如古井，终岁不复澜。不忧无所用，忧在用者难。佩之非其人，匣中自长叹。我老众所易，屡遭非意干。惟有王玄通，阶庭秀芝兰。知子后必大，故择刀所便。屠狗非不用，一岁六七刓。欲试百炼刚，要须更泥蟠。作诗铭其背，以待知者看。

寓言诗通过龙雀宝刀的自藏虎皮包内、不露锋芒，阐发了作者屡遭奸谗小人的诽谤而无能为力、胸怀大志而不被重用的忧愤心情。那时，苏轼正因与王安石政见不合而被迫“补外”，又适值徐州城外黄河决口，他日夜与军民为伍、过家不入，奋力阻退了水患，保全了全城的生命财产，一种“拔剑斩蛇”、“威服九区”的雄心壮志油然而生。于是，他把自己比作一把宝刀，却被藏在匣中不用，当他看到一帮奸邪的“穿箭辈”充斥朝廷，自己却不能向他们问罪、不能使之“要领寒”，而备感“有愧在其肝”。他不禁长叹道：“不忧无所用，忧在用者难。佩之非其人，匣中自长叹。”字里行间蕴含着怀玉握兰而终遭冷遇的悲愤情感。尽管如此他仍不死心，时时抱着“欲试百炼刚，要须更泥蟠”的雄心，期望有朝一日能够得到君王的赏识，成其“大用”。诗的末尾，作者说：“作诗铭其背，以待知者看！”表明他要把此宏志雕刻在刀背上，以待后世的知音者来验证，显示了他报国忠心的终生不渝。

再如《醉人击虎》(《苏东坡全集·书孟德传后》)：人们都说老虎不直接吃喝醉酒的人，而是要坐那儿等他清醒了再吃。其实，老虎不是要等人酒醒，而是在等酒醒后人对它的恐惧。一天夜晚，有个人从外面回家，见到一只黑物蹲在他家门口，还以为是猪狗一类的家畜，便用拐杖打它，那黑物就逃跑了。等它跑到山下月光照得到的地方，才看清原来是只老虎。其实那人并没有打赢老虎的本领，只不过是在气势上压过了老虎。

在传统的观念里，弱者总是畏惧强者，并向他们俯首称臣，贫民总是害怕有权有势的人，并对他们毕恭毕敬；对于个人而言，这种“长他人志气灭自己威风”的心理是人们自己内心怯懦和自卑的表现，而从整个民族性格来看，这是在强权社会统治下，下层民众潜移默化的结果。反映到国家实力上，这里也映射了宋国当时日益严重的积贫积弱的局面，无论是外交还是内政，对外敌都抱有观望和退缩的畏惧。然而作者仍然认为，再强大的敌人也有弱点，寓言中的人在不清醒的状态下能够赶走老虎，可见“虎畏不惧己者”。只要增强国家实力，战胜强大的敌人仍然是有可能的。寓言作于当时风云变化的政坛，主张变法和反对者正打得炙手可热，作者在此拿老虎喻敌，用畏虎的大众心理来标志自己不畏强权的政治态度和立场，表达了他坚决反对变法的决心。

借此喻彼 意藏其中

「刘禹锡」

刘禹锡（公元772—842年）字梦得，洛阳人，为匈奴族后裔。晚年任太子宾客，世称“刘宾客”。他和柳宗元一同参与唐朝永贞年间短命的政治改革，结果一同贬谪远郡，顽强地生活下来，他性格刚毅，饶有豪猛之气，在忧患相仍的谪居年月里，确实感到了沉重的心理苦闷，吟出了一曲曲孤臣的哀唱，晚年回到洛阳，仍有“马思边草拳毛动”的豪气。他的诗精炼含蓄，往往能以清新的语言表达自己对人生或历史的深刻理解，因而被白居易推崇备至，誉为“诗豪”。刘禹锡早年随父寓居嘉兴，常去吴兴拜访江南著名禅僧兼诗僧的皎然和灵澈，据其《澈上人文集纪》自述，当时他“方以两髦执笔砚，陪其吟咏，皆曰孺子可教”，这一早年经历对其后来的诗歌创作影响很深。他在远谪湖南、四川时，接触到少数民族的生活，并受到当地民歌的一些影响，创作出《竹枝》、《浪淘沙》诸词，给后世留下“银钏金钗来负水，长刀短笠去烧畲”的民俗画面与“东边日出西边雨，道是无晴还有晴”等传世名句。有《刘宾客集》传世。

《刘宾客文集》中《鉴药》篇，讲了这样一个故事：刘某闲居家中，得了病，吃精良的食物不能感知它的美味。血脉和元气都不通畅，滚烫滚烫的如同被火烤灼着似的。

有个客人对我说：“您的病得了很多日子了，如今我那有个方士，沦落混迹于医生，得麻风病的去他那治疗会变成漂亮而健康的人，瘸子去他那治疗会变成善于奔跑的人，更何况常见的疾病呢？请您去见见他吧！”我同意了，来到医生的住所。把脉、看气色、听声音，综合诊断后他说：“您的病，是因为起居作息时间节奏紊乱，衣食住行安排不和谐导致的。如今五脏很难消化食物，六腑很难养育元气，只能成为装病灶的皮囊了。我能治好的。”便拿出一枚药丸，大概有一寸见方的两倍那么大，交给我并说：“服用这枚药丸足够祛除昏烦和根除郁结，消除病患恢复元气。但是药中是有毒的，必须病好了就停药，过量了就会打破和谐，所以给你的剂量要少。”我拿了药来吃，过了两个晚上肿胀的脚轻松了，麻痹的感觉舒缓了；过了十天奇痒的感觉没有了，不用再去抓挠了；过了一个月可以分辨很细小的东西，听清楚很细微的声音，走高坡如履平地，吃粗粮如同吃精细的食物。

有的人听说后来庆贺我，并且关心地对我说：“您得到的这药，几乎是神效啊！实在难得遇到啊。观医生的态度，多是吝啬医术让自己显得高明，留后患让自己有财源，何不再要点药，让疗效更好呢。”我糊涂啊，拘泥于通常的观点而贪心不满足现有的疗效，猜忌医生的诚心而迷惑于邪说，终于按照他的话去做了。等到再吃了五天的药，那药的毒性发作，周身胀痛，如同疟疾发作。醒悟了跑去找医生，医生狠狠地责备道：“我就知道你不通事体啊！”下了和解的药解除毒性，所幸还在危险的边缘；他日，吃了和解的药，便恢复到原来的样子。

刘某感慨道：“善哉医术！用毒攻击疾病，用和解之药安定心神，改换了两样都不利，有道理啊。如果遵循老办法应付变化了的新问题，愚昧地执着于章法和普通的见解，后果又岂只是我等小人调理身体造成弊端而已啊。”

唐宋许多著名的文学家，如唐代的王勃、柳宗元、白居易、刘禹锡，宋代的苏轼、陆游等人，都精通医理。文学家兼通医药，不仅有利于自身的养生保健，同时更丰富了生活内涵，甚至还激发了另类思考的创作灵感。无论是种药、采药、用药的体验，或是中医的理论和诊治疾病的原则与方法等，都能对文学家的思想有所启迪，乃至创作了用医药之道作取喻设论对象的说理散文和寓言故事。再加上文学家的感觉本来就较常人敏锐，不管是疾病衰老的感受体验，或是求医用药的经验，伴随着“文以载道”的思想影响，在唐宋文学作品中出现了不少借助医药知识来阐述社会人生事理的内容。有的直接将治国与治病相比，有的则是通过医学理论或具体的医病事例来寄托治国的道理，以作为修身齐家治国平天下的借鉴。刘禹锡在这方面尤为突出。他早年即“三登文科”，后又参与“永贞革新”，革新失败后一再遭到贬谪，在巴山蜀水间辗转了二十余年。在此期间，其诗文创作仍有不少蕴涵着深刻的政治内涵，所谓“穷且益坚，不坠青云之志”乎。

「刘禹锡雕像」

《鉴药》借用中医的药理阐释传统的儒家提倡的为人处世、治理国家的道理。从人与药性关系，展现了刘禹锡“过当则伤和”的“度”的思想，这正是中医哲学的核心。药可以救人，也可伤人，主要看如何拿捏药的“度”。刘某在第一次吃药时，用对了量，所以病治愈。然而“过犹不及”，后又自作主张将药加量，导致病情加重。这种生病吃药到治愈的原理与传统的“中庸之道”不谋而合。一直以来，这种“中庸之道”也许不被很多人接受，但历史告诉我们，它是和谐的存在，懂得“中庸”是一种智慧。在处世治国中，能做到像中医里一样对症下药，笃定思维，疑难杂症药到病除是人们将长久思考的事。

刘禹锡创作的《叹牛》也颇有深意：刘某漫步野外，有一个老人牵着一头瘸腿的牛在小路上。我随便问道：“牛的形体为什么这么高大？腿怎么坏了？这牛战战兢兢的样子这是要去什么地方？”老人拉住牛绳回答说："形体高大，是因为喂养得最好。坏了腿，是因为用得太过分了。就让我全部告诉你吧。我租车自给自足，曾经赶着这牛，拉了千斤货物，北上登过太山，南边到过商岭，一拽就回头，一吼就前冲，就算是走泥坑爬高处，轮子下限很厉害也不会趴窝。如今是废了，看它的腿虽然伤了但肉还是很肥，豢养它也没用，以厨师来看就有赢利，但这被禁止，没有谁敢做主屠宰这牛的。刚刚听说县官设酒宴待客，占卜选的是在单日子，这就前往，赶紧卖给屠夫。"

我自做主张说："从您的观点来说是利益，从牛的方面来说是悲哀，怎么办呢？我本来也贫穷，并且没有多余的钱财，我愿意脱下身上的皮衣来赎这牛，把它放到有肥美青草的地方去，可以吗？"老人笑着讽刺道："我卖这牛，屈指计算它的价值可以用来喝酒吃肉，给儿子吃糖给老婆穿衣，这样才得安逸啊。要你这皮衣干什么用？况且原来很好地养活它，不是爱它，而是看中它的能出力；现在要它死，不是讨厌它，而是因为那可以换来钱财。您不要耽误我的事情好吗？"

刘某想不可能用言辞指责这老人的，于是用手杖扣击牛角而感叹道："所求的没有了，利益点也就变了。所以伍子胥为吴王成就了霸业后，得到的是吴王赐予的用来自杀的属镂剑；李斯辅佐秦始皇称帝，得到的是五马分尸的刑法；白起为秦国打仗在长平大败赵军威震天下，得到的是在杜邮被逼自杀而死；韩信在垓下围困西楚霸王令其灭亡，得到的是被诱至钟室被乱枪刺死。都是被使用完了没有价值了，建立了功劳祸也就来了，能不悲哀吗！能不悲哀吗？呜呼！保持有无尽的用途才能应对万变的需求，适合时宜，没有什么能够加害于我。如果拘泥于有形的事物，被使用完了忧患就来了，这是很明白的道理。"

一头牛，当它健壮的时候主人靠它拉车挣钱，现在因为使用过度腿瘸了，但因为肉还肥，当家畜没有用了，却还可以卖肉拿钱。这是无法左右自己命运的被动者的悲哀。这就像是"狡兔死，走狗烹"，像为帝王建过伟业的伍子胥、李斯、白起、韩信等，最后都因为没有了利用价值而不得善终。寓言从一头牛的被宰命运谈到某些人的社会悲剧，一旦"用尽身残"，就会被弃。所以，人要自立于天下，不能靠别人的怜悯，必须随时随地努力完善自己，使自己能够适应时代万变的需求，以至于不被时代抛弃，时刻保持自身的价值，掌握自身的命运。

再看一下刘禹锡的《儆舟》：刘某在汴河上乘船，经过淮河往东边去。就在解船缆绳的时候，船夫告诉我说："现在的河水湍急而这船不结实，应该小心检查每件器具以防备万一。"我听到这话觉得情况很严峻，于是用旧棉絮堵塞船的缝隙，用灰泥涂堵船的缝隙，舀干船中的积水。仆人懒惰懈怠了我就亲自动手，晚上高度警惕白天勤于维护。日光昏暗就不贸然前进，风有异样就赶紧停住。战战兢兢小心地走了几天，这样才得以安全渡过。放下桅杆停住划浆，停泊在淮阴。到了这个时候，船夫都非常悠闲自在，有的闲逛于酒馆喝酒，有的拍击桥栏唱歌。仆人们休息劳工们安心睡觉，我等没什么担忧就安心休息。到夜晚缝隙慢慢地被渐渐浸湿，封堵的地方涣散开来并且崩溃。以至于席子被淹睡垫被浸湿，这才仓促惊愕互相呼喊，赤着脚跳起来登上岸，只能是人逃脱了。眼睛还没来得及看清的瞬间，就船楼倾倒船身下沉，坍塌于泥沙之中，没有能力再保住船了。

刘某遗憾地看着说："原来我小心在意，在大浪中航行也没事，如今我安心休息，处在寻常的水流中却陷入危境。危险的情况的确没有确定的地方啊！不发生在害怕发生的地方却发生在平静的地方。所以越王勾践下跪爬行吴王夫差就忽视了他；司马懿装病成所谓尸居余气的等死样子，曹爽懈怠而被他暗算；白公胜终日磨剑等待机会报仇，子西却蔑视地讥笑但最终被白公所杀；李园豢养武士立志杀春申君，而春申君小视他最终被李园所派人杀死。至于亡国灭族的大事，不值得警醒吗？福，是祸患萌芽的时候，祸患的动静是细微的；倚、伏是一对相互依存的矛盾，这个道理是很明显的。陷于困境后才警醒，已经来不及了。"

"祸兮，福之所倚；福兮，祸之所伏"，伟大的思想家老子早在春秋时期就提到过这种辩证思想。当船浮游在水流甚急的汴水之上，可能遭到危险时，船夫与船客们就高度提高警惕，预备不测。这样，船反而一帆风顺。但当船停泊在风平浪静的淮水之上时，人们便容易放松警惕，认为不会出现什么危险状况，可恰巧水浸入船中，船身倾斜，船尾下陷，坍塌在泥沙之中。从历史的角度看，朝代的更替与兴衰遵循同样的规律。勾践卧薪尝胆灭吴，司马懿成为西汉王朝奠基人，春申君黄歇遭遇灭门等都是福祸相生的重要典型。"生于忧患，死于安乐"，身处忧患，时刻提高警惕，关键时还可“置之死地而后生”。身处安乐，不知祸害将至，死期不远矣。由此看来，居安思危，危险中保持冷静的头脑，才是智者的选择。

宋祁字子京，安州安陆（今湖北安陆）人，后徙居开封雍丘（今河南杞县）。天圣二年进士，官翰林学士、史馆修撰。与欧阳修等合修《新唐书》，书成之后，进工部尚书，拜翰林学士承旨。卒谥景文，与兄宋庠并有文名，时称“二宋”。诗词语言工丽，因《玉楼春》词中有“红杏枝头春意闹”句，世称“红杏尚书”。

《雁奴》：雁奴是雁群中个头最小的，然而性子却是特别机警。每当雁群睡觉时，只有雁奴不睡，为它们站岗放哨。有时稍微听到一点儿人声，必定先大声叫唤起来，雁群便在鸣声中杂乱地相互引导飞走。人们知道了雁群的这个习性，就设下陷阱来捕获它们。人们先是找到雁群经常栖息的湖边地带，偷偷地铺下大网，并在大网的旁边挖了好几个洞。太阳还没有下山时，人们就拿着捕雁的麻绳藏在洞里，等到天快亮时，人们就在洞外点起火来，雁奴最先警觉了，于是大声鸣叫起来，这时，人们急忙把火灭掉。惊醒的雁群看到周围没有什么动静，就又安然睡觉了。于是人们就接二连三地点火、灭火，雁奴跟着警觉几次，雁群也跟着惊醒几次。惊醒多次的雁群看到周围什么都没发生，它们指责雁奴的警报没有根据，轮番用嘴啄食攻击它，然后又回去睡觉了。过了一会儿，人们又把火点起来了，雁奴害怕雁群再来啄击自己，不敢再鸣叫报警。人们没有听到雁奴的警报声，于是张开大网，把雁群捕获了半数以上。

文中雁群遭遇灾祸的原因有两个：其一，雁群本身的团队意识薄弱。雁群的生活习性尚且需要强大的向心力和凝聚力，更何况是大敌当前。“二人同心，其利断金”，如果雁群有足够的团队意识，相互信任，就一定会众志成城。然而面对敌人的迷惑，雁群不仅不齐心协力一致对外，反而产生内讧：怀疑自己队友的工作能力，甚至做出伤害同伴的行为，用兵家的话来说这是“临阵杀将”，实在是行军大忌。其二，雁奴个人价值判断的失误。如果雁奴有对信念的执着坚守，在困难和挫折的风尖浪口依然故我，那么雁群也不会全军覆没。雁奴没能及时平衡好个人利益和集体利益的冲突关系，没有强大的责任意识，更没有舍我其谁的奉献精神，以至于出现了“一失足成千古恨”的沉重代价，实在令人痛惜。

《艾子杂说》是苏轼寓言诙谐幽默技艺的集大成者，也可以算是我国最早的寓言专集。

全书以一名唤作艾子的托事为主线，通过一个滑稽而又多智的形象标志着作者的立场和态度。它的内容涉猎广泛，大到有对国家专制统治的强烈批判，小则有对日常迂腐生活的辛辣讽刺。作为古文运动的倡导人物之一，苏轼不忘在寓言中灌以“文以载道”的观念，文章技法和儒道思想两相结合，成文嬉笑怒骂，讥切时政，而《艾子杂说》的特色正在于其诙谐幽默的风格。后人仍多以艾子为原型创作寓言和笑林，并声明续作，可见《艾子杂说》在寓言史上的地位举足轻重。

《蛤蟆夜哭》：艾子乘船在海上航行，晚上停泊在一个岛屿上。半夜，听见水底下有人哭的声音，又像是有人在说话，于是就认真地听着。其中一个人说：“昨天龙王下了一道命令，水中的动物，凡是有尾巴的都要斩首。我是鼍，有尾巴，因害怕被杀头才哭。而你是只蛤蟆，又没有尾巴，为什么也哭呢？”又听见有声音说：“现在我幸而没有尾巴，但害怕龙王追究我当蝌蚪的事！”

“乌台诗案”是北宋年间的一场文字狱，北宋神宗年间苏轼因为反对新法，并在自己的诗文中表露了对新政的不满，讥刺时政。苏轼的诗词在社会上传播对新政的推行很不利。御史中丞李定、舒亶、何正臣等人摘取苏轼《湖州谢上表》中的语句和此前所作诗句，以谤讪新政的罪名在神宗的默许下逮捕了苏轼，苏轼被抓进乌台，一关就是4个月。所谓“乌台”，即御史台，因官署内遍植柏树，又称“柏台”。柏树上常有乌鸦栖息筑巢，乃称乌台。所以此案称为“乌台诗案”。

这则寓言借蛤蟆的话寓意着深刻的社会现实，也和苏轼的生活遭遇有密切关联。在“乌台诗案”中，李定等人在苏轼诗文中寻章摘句，加以莫须有的罪名。正如寓言中的“蛤蟆”担心自己因“蝌蚪”时有尾而被杀，他对自己所受的迫害仍然心有余悸、深恶痛绝。“但恐更理会蝌蚪时事”，以显而易见的可笑来讽刺制度的荒唐、手段的卑劣，更是对朝廷屡兴文字狱、肆意迫害无辜的昏聩行径予以抨击。这种抨击直接揭露了专制的残暴、昏庸。

刘基（公元1311—1375年）字伯温，谥曰文成，青田县南田乡（今属浙江省文成县）人，故时人称他刘青田。明洪武三年（公元1370年）封诚意伯，人们又称他刘诚意。武宗正德九年追赠太师，谥文成，后人又称他刘文成、文成公。他是元末明初著名的军事家、政治家及诗人，通经史、晓天文、精兵法。他以辅佐朱元璋完成帝业、开创明朝并尽力保持国家的安定驰名天下，被后人比作为诸葛武侯。在文学史上，刘基与宋濂、高启并称“明初诗文三大家”。

“郁离子”是刘伯温的托称，他在47—50岁期间写作《郁离子》，这是他一生中最鼎盛的时候，此前郁郁不得志，不能施展抱负，后来被夺去兵权，遂弃官归隐家乡青田山中，发愤而著《郁离子》。

书成不久，他即出山离家，成为朱元璋的亲信谋士，协助朱元璋建立了明王朝。《郁离子》是刘伯温的一部寓言散文集，是中国寓言发展史上一个里程碑式的作品。它的重要性不仅仅在于其牢笼万汇、辩博奇诡的文学审美价值，更重要的还在于其中闪烁着刘基治国安邦的思想光辉，以及对特定时代的社会认识价值。在写作《郁离子》的过程中，刘伯温的整个思想体系，尤其是对社会政治方面的看法及主张更加成熟，也更加系统。

《卖柑者言》是《郁离子》其中的一篇：杭州有一个卖水果的人，他擅长贮藏橘子，橘子经过一年寒暑也不腐烂。他的橘子拿出来，依然光彩鲜明的样子，质地坚实如玉，黄金似的颜色，放到市场上卖，售价比人家的高出十倍，人们却争相购买。我也买了一个，把它剥开，像有股烟尘直冲口鼻，看它的里面，已经干枯得像破烂的棉絮。

我感到很奇怪，问他说：“你卖给别人的橘子，是将要用来装在盛祭品的容器中，供奉神灵、招待宾客呢，还是将它的炫目外表用来愚弄傻瓜和瞎子呢？你欺骗得太过分了啊！”

卖橘子的人笑着说：“我从事这职业已有好多年了，我靠它来养活自己。我卖它，别人买它，从来不曾有人说过什么的，却唯独不能满足您的需要吗？世上有欺骗行为的人不少了，难道就只有我一个吗？您真的没有好好思考这件事啊。当今那些佩戴虎形兵符、坐虎皮椅子的人，一副威武的样子，好像是捍卫国家的栋梁，他们果真有孙武、吴起的谋略吗？那些戴着高帽、拖着腰带、一副趾高气扬的样子好像是坐在高堂之上英明决策的人，他们真的能够建立伊尹、皋陶的事业吗？盗贼四起却不懂得怎样去抵御，百姓陷入困境却不懂得怎样去救济，官吏奸猾却不懂得怎样去禁止，法度败坏却不懂得怎样去整顿，白白地浪费国家粮食却不懂得羞耻。你看看那些坐高堂、骑高头大马、喝美酒、饱食佳肴的人，哪一个不是外表形象高大令人畏惧，显赫过人可以作为榜样啊？这样看来，又有哪一个不是外表像金玉，内里其实像破絮呢？如今您不去明察这些人，却来指责我卖柑橘！”

我默默无语。回来思考这卖柑人讲的话，感觉他是一个像东方朔一样的人。难道他也是对世事表示愤慨对邪恶表示憎恨而假借柑橘来进行讽刺的吗？

金玉其外，败絮其中。卖柑者因为柑橘外表鲜亮、坚实如玉而大获其利，殊不知柑橘内部却如败絮无法食用。商场如此，更何况官场呢？元代官场腐败，欺世盗名者数不胜数，官场中武将无才却耀武扬威，居高官列高位者趾高气扬却不干实事。社会现实是盗贼四起却不知道防御，百姓生活困苦却不知道救济，官吏奸猾却不知道禁止，法纪败坏却不知道整顿，外表光鲜、威灵显赫的那些人食朝廷俸禄而毫无羞耻之心，他们才是朝廷真正的败类啊！

「菟丝」

《唐蒙与薜荔》亦是《郁离子》中的名篇：菟丝和薜荔都生在松树、朴树下，相互商量依附的地方。菟丝说：“朴树是一种不成材的树，枝叶繁盛，可以遮蔽阳光。松树呢，它的根扎在石缝中，根旁生长着茯苓，这在各种药草中是最珍贵的，吃了它就能成仙。它的松脂入土就是琥珀，和冰玉、美石一样同为重宝。它的枝干高耸于沟壑直冲云霄，它的枝条缭绕，它的叶子非常茂密，发出百乐弦管的音响。除了它我便无处依附了。”薜荔说：“你说的松树确实美，然而在我看来，它就不如朴树了。凡是美的东西所在之处，就是人们争夺的目标。因此山上如果有金子，就被开凿；石头如果有美玉，就被砍削；湖泽里如果有鱼，就会干竭；草丛中如果有鸟，就会被除掉。现在，松树身高十丈，不生在穷崖绝谷人迹不到的地方，却直挺挺地立于人们看得到的地方，并且还说有茯苓、琥珀在那里，我知道它不久就要被砍伐了。”菟丝没有听薜荔的话，爬到松树上去了。薜荔悬附着在朴树上，钻蛴螬的洞穴而插入枝条，缠着它的心而从里面长出。于是朴树的叶子不生，而树干枝条全都被薜荔占有，中间空虚，树皮龟裂。一年多以后，齐王派工匠伐取了松树来做雪宫的大梁，菟丝失去依附而死，但薜荔与朴树照旧生长。

「薜荔」

争强好胜、贪慕虚荣者难免会有树倒猢狲散的危险。菟丝依附于松树的优势，喜欢攀高枝，希望松树的优势也变成自己的优势，以此谋利，殊不知出众者必将成为众矢之的而招致祸端。菟丝的做法正如某些依附权贵、阿谀奉承者的心理，亦不过是成为别人攻击的对象，自寻死路。而薜荔则采取截然不同的处事态度，虽难以显示锋芒，却可以在乱世中明哲保身，远离祸乱的根源，亦不失为智者的做法。

再看《楚王田射》：一次，楚王在云梦打猎。他让虞人把飞禽走兽轰起来，以供自己射猎。当飞禽出现的时候，只见楚王的左边跑来一只鹿，右边窜出几只麋。他正想要拉弓射箭，又发现一只天鹅从他头顶的大旗上掠过，两只挥动的翅膀好像垂在天空的白云。楚王眼花缭乱，箭搭在弦上，却不知该射哪一个。大夫养由基上前说：“我射箭的时候，百步之外放一片树叶，能够十发十中；如果放上十片树叶，能不能射中，那就很难说了。”

“不一于汝，而二于物。”做事情要心无旁骛，专心致志，集中精力干一件事才能把事情干好。楚王狩猎三心二意，得不偿失，一会儿醉心于射鹿，一会儿妄想射麋，又受头顶上天鹅的干扰，贪多无用，最后因小失大。处事过程中要集中精力于一件事上，见异思迁的结果是一无所获，什么都想干意味着什么也干不好。成功者与失败者的差异往往不是在于两者技艺的距离，而是在于两者对设定目标的专注程度。宁精勿杂，宁专勿多，这才是成功的处世之道！

又如《雉与蛇》：勾章城的野外住着一个人，他用草席盖着他家的篱笆。有一天，他听到篱笆中有“唧唧”的叫声，便扒开草，捉到了一只野鸡。他顺手把草盖上，希望能够再捉到一只。第二天又到篱笆中去，侧耳一听，那唧唧的声音好像与昨天一样。他便高兴地扒开草，却捉到了一条蛇，被蛇咬伤了手后，就中毒死掉了。

《韩非子·五蠹》中有一个守株待兔的故事：战国时宋国有一个农民，看见一只兔子撞在树根上死了，便放下锄头在树根旁等待，希望再次得到撞死的兔子。结果自然再无所获！勾章的那个人同样怀着侥幸心理，第一次不劳而获抓到一只野鸡，便寄希望于再次坐享其成，殊不知这种把偶然当作必然是一种非常愚蠢的做法，种瓜得瓜种豆得豆，一分耕耘一分收获，只有通过自身努力才能得到自己想要的。

还如《畏鬼致盗》：有一个怕鬼的楚国人，他听到枯叶落地与蛇鼠爬行的声音，都认为是鬼来了。小偷了解到了这一点，便乘着夜晚藏在矮墙下装作鬼叫。楚人心中恐慌不安，连瞟一眼都不敢。小偷像这样做了四五次，然后进入他的房间，偷光了他收藏的财物。有人骗他说：“这的确是鬼拿去了。”他虽然感到疑惑，但暗地里却认为讲得对。没多久，他的住宅中果然有了鬼。因此，即使财物从小偷的住处找了出来，他也认为是鬼偷了，不相信是人偷的。

《郁离子》说：“谗言不会自己找上门来，总是先有疑心才会相信它；离间、挑拨也不会自己找上门来，总是因为有机可乘之时才出现。这都是由于聪明早已被蒙蔽住了。”

疑心生暗鬼，荆人畏鬼，所以草木皆“鬼”，小偷恰恰利用了他这个心理。正是因为荆人这种畏鬼心理才给小偷带来了可乘之机，使得小偷的行窃行为畅通无阻。杯弓蛇影、疑神疑鬼，只会惊扰自己，不是智者的生活态度，做人应当心胸坦荡、泰然自若，才不会让别人有机可乘。

剖析人性 入木三分

元结（公元719—772年）字次山，号漫叟、聱叟。河南鲁山人。天宝六载（公元747年）应举落第后，归隐商余山。天宝十二载进士及第。安禄山反，曾率族人避难猗玕洞（今湖北大冶境内），因号猗玕子。乾元二年（公元759年），任山南东道节度使史翙幕参谋，招募义兵，抗击史思明叛军，保全十五城。代宗时，任道州刺史，调容州，加封容州都督充本管经略守捉使，政绩颇丰。大历七年（公元772年）入朝，同年卒于长安、有《元次山集》。

唐代“古文运动”中，元结是韩、柳以前在古文创作上成就最高，也是最注重创作积极社会内容的作家。他的作品具有强烈的时代性，他用浅显易懂的语言表述了深沉凝重的内容，摆脱了骈偶俪习的拘束，却又能够言简意赅，一句话就说出一番大道理，发人深省。

《虎蛇颂》：元次山为了逃避祸乱，来到了南方的这个偏僻地方。南方人告诉他说：“您住的这个洞，原先是老虎的宫殿，山的背面，是大蛇居往的山林。”元次山在这里住了三个月，才知道老虎好像古代的君子，大蛇好像古代的贤士。是呀！元次山夺了它们的宫殿，可老虎走了以后再也没有回来，夺了它们的山林，大蛇离开以后再也没有返回。假借它这种顺从的品质，把好处让给别人的道德，简直可以为它们写一篇颂文了。

这一篇《虎蛇颂》比喻浅显，却讥讽尖刻，在简短的篇幅中道出世人道德仁义沦丧，还不如虎蛇通人情事理、懂得借顺惠让之礼。在文学的社会作用上，元结继承了《诗大序》的“上以风化下”的同时，更注重“下以讽刺上”，大胆地直面现实，抨击揭露社会上的黑暗面，为现实服务。

罗隐（公元833—909年），字昭谏，新城（今浙江富阳市新登镇）人。大中十三年（公元859年）底至京师，应进士试，历七年不第。咸通八年（公元867年）乃自编其文为《谗书》，更加为统治阶级所憎恶。后来又断断续续考了几年，总共考了十多次，自称“十二三年就试期”，最终还是铩羽而归，史称“十上不第”。黄巢起义后，避乱隐居九华山，光启三年（公元887年），55岁时归乡依吴越王钱镠，历任钱塘令、司勋郎中、给事中等职。

《荆巫》选自《谗书》，讲述了这样一个故事：荆楚之地的神汉，起初为人家求神，香案上只有平常的供奉，席前也只有寻常的歌舞，却灵验异常，想治好病的人站起来就走了，想得到丰年的人果然收成大好。神汉灵成这样，后来香案上的供品自然越来越丰盛。

可是奇怪的事发生了，他的法术却不灵了，想治好病的人死了，想得到丰年的人得到的却是饥荒。求他的人怎么也不明白，虽然忿忿，却也无可奈何。倒是神汉自己是个明白人，知道发生了什么。他说当初为别人求神时，自己“家无甚累”，祭完神，香案上的供品必散给大家一块儿吃，对神没有二心，于是神就“降福”给他和请他祈福的人。后来不一样了，他家里“男女蕃息，衣食广大”，为人求神时，心里老想着完事以后把香案上的供品带回家去，心不诚则神不灵，神于是就降祸于请他求神的人。

神汉说根本不是我过去聪明现在变蠢了，是因为我在求神时心里牵挂的只有自家人，也就顾不得别人了！一个荆巫尚且如此，何况那些做更大的事情的人呢！

“荆”本是一种灌木的名称，也叫做“楚”，在南方江汉流域的山林中极为常见，可用作薪柴等多种用途，人日常生活离不了，远自商代时北方中原人就以荆楚来称呼江汉流域的南方地区和南方部族。

巫很早就出现在中国历史上，早在原始社会时，由于人类所认识的知识比较少，对社会中出现的某些状况不了解，把自然界的打雷、闪电、下雨、火山喷发、地震等现象误以为是某个神仙在发怒，整天诚惶诚恐，怕天神降灾患于身上。所以原始人类就把某些东西用来参拜，因为他们觉得这些东西是神的化身，也就由此而产生了“图腾崇拜”。崇拜就有某些仪式，通过这些仪式，

「湘西巫术：赶尸」

「上刀山」

人们向神表达自己的虔诚之心，也表达了自己的某些愿望，而有仪式就得有个领头人、中介者，通过这种人，组织各种仪式，把众人的愿望传递给神，这类人就被称为“巫”。

作为蛮夷之地的楚地，各种巫术很早就盛行了。在屈原《离骚》、《九歌》等作品中，我们就可以看到它的兴盛。那时的巫术作为楚地的一种文化习俗，是具有相当积极意义的。巫师替人祭祀，内心非常虔诚，相应的福祉也就降临到百姓的身上。可是，随着时代的变化，巫术的实质却完全变了，巫师也只是为了骗得食物或钱财而已，这也是因为人们私心膨胀的缘故。通过巫师前后的不同态度，由浅入深地说明一个人如果受到私利的牵累，那么为公之心就必然大大削弱。作者一方面鞭挞了晚唐时期腐朽的社会风气，讽刺了当时的为官者，当他位卑职小、家业微薄时尚能为国家尽心尽力，一旦身居高位、家大业大时，便只考虑个人私利，不会认真地为国家和百姓做事了；另一方面也批判了统治者的无能。

陆龟蒙既是一位写文章的高手，又是位颇有思想深度的哲人。他生活在唐末社会大乱的年代，目睹时政之黑暗，便隐居乡里，以著书为生。

《招野龙对》讲诉了这样一个故事：从前夏侯氏豢养了两条龙，一天豢龙遇到野龙，便兴奋地召唤它说：“你在干什么啊！汪洋无边的天地之间，寒冷了要蛰伏，晴暖了又要起来，不觉得劳累吗？认真考虑跟从我生活得以安闲自在不好吗？”野龙昂首而笑他道：“你怎么就甘愿束缚在这里呢？上天赋予我们的身形，是头顶角身披鳞；赋予我们的德行，是潜入水底飞上天空；赋予我们的灵性，是要呼吸云雾乘风飞翔；赋予我们的职责，是要抑制骄横润泽干枯。观察苍天之外，安身在最荒远的地方，看清事物起始原委和变化规律，这种快乐难道不是至高无上的吗？如今你苟且容身在野兽蹄印般小的积水之中，受着泥沙的拘束，满足于水蛭蚯蚓般的快乐。与人类相亲，乞食他们的蝇头小利，捏着喉咙，立等着吃那切好的大块肉。我正准备因可怜你而向你伸出救援之手，你怎么还想诱惑我堕入陷阱呢？”野龙走后不久，豢养的龙果真被夏侯氏剁成肉酱吃了。

陆龟蒙这篇《招野龙对》，明里是说豢龙与野龙的两种生活方式，导致两种不同的结果，证明只有野龙那样独立的人格和意志，那样的自由和狂放，才是最宝贵的。而把怒其不争、哀其不幸的笔触，直指依附于人，最后免不了被豢养的龙。实际上他是以龙喻人，告诉芸芸众生应该怎样做人。他以血淋淋的现实说明，任何一个人，一旦失去了自己独立的品格，依附于豪门权贵，终将为对方所害。

唐末时期社会动荡，时政黑暗。由于政治、社会等各方面的原因，社会上放荡不羁、特立独行者甚少，而依附豪门、亲近权贵者居多。然而任何人一旦失去自己的独立人格，企图依附他人求得安逸生活，甘心受他人的豢养，最终将为对方所害。豢龙贪图舒适安逸的生活，甘心受人类的驱使，失去自己的本性，最终遭到人类的宰割。野龙和豢龙同身为龙，却因为选择另一种生活方式而有着截然不同的结局。野龙始终保持自己独立的人格和意志，自由狂放，因此命运也由自己主宰。芸芸众生，应该学会如何做人，掌握自己的命运，一旦失误则后悔莫及。

晚唐诗人杜牧的《阿房宫赋》云：“秦人不暇自哀，而后人哀之；后人哀之而不鉴之，亦使后人而复哀后人也。”陆龟蒙已于一千多年前写下耐人寻味的《招野龙对》，代代人读而又代代人犯之，真正是“哀之而不鉴之”啊！

皮日休字袭美，一字逸少，今湖北天门人。生于公元 834 年至 839 年间，卒于公元 902 年以后。尝居鹿门山，自号鹿门子，又号间气布衣、醉吟先生，晚唐文学家、散文家，与陆龟蒙齐名，世称“皮陆”。其诗文兼有奇朴二态，且多为同情民间疾苦之作。

《悲挚兽》：在一个沼泽地带，农人拿着弓箭，巡逻看守庄稼，有一片苇子倒了，农夫在旁边休息。不一会儿，芦花在没有风的情况下纷纷飘起，好像有东西在那里嬉闹。他看了看，是一头老虎，又跳又吼，看样子是抓到了什么，高兴得不得了似的。农人以为老虎看见自己，就急忙把箭搭上了弦，隐蔽着身子，挺直地对准老虎，等它再戏闹的时候，一箭射了出去，正好穿进那老虎的胸部，老虎轰地倒在了地上。再一看时，老虎已经死了，虎头枕在一只死去的鹿身上。

皮日休一生接触到许多的社会现实，亲眼见到许多国弊民穷的景况，对当时的黑暗现实认识深刻，所以一生猛烈抨击豪门权贵。这只老虎自恃凶猛，在捕捉到猎物之后就得意忘形，于苇子丛中嬉戏玩耍，结果竟被农夫一箭射死了。作者把老虎比作令人厌恶的依仗权贵者，老虎的结局是作者对他们愤慨情绪的反映。

《蝜蝂传》选自《柳河东集》，这个小故事非常具有警示意义：蝜蝂是一种擅长背东西的小虫。爬行时遇到东西，总是抓取过来，抬起头背着这些东西。东西越背越重，即使困乏到了极点，也不肯停止。它的背很粗糙，因而东西堆上去不会散落，终于被压倒在地爬不起来。有的人可怜它，替它去掉背上的东西，可是蝜蝂如果能爬行，又把东西像原先一样抓取过来背上。这种小虫又喜欢往高处爬，用尽了它的力气也不肯停下来，导致最后跌倒摔死在地上。

现今世上那些贪得无厌的人，见到钱财不轻易放过，用来增加他们的家产，不知道财货已成为自己的负担，还只怕财富积聚得不够。等到一旦因疏忽大意而垮下来的时候，有的被罢官，有的被贬往边远地区，也算吃了苦头了。如果一旦被起用，他们又不思悔改，天天想着提高自己的地位，加大自己的俸禄，而且变本加厉地贪取钱财，以致接近身败名裂的危险处境，看到前人因贪财而丧命，也不知道引以为戒。虽然他们体形魁梧高大，名义上是“人”，但是见识却和小虫一样，这种人真是可悲啊！

刘禹锡的《昏镜》揭示的道理同样发人深省，具体内容是这样的：制镜工陈列十面镜子于商人的柜中。在柜中看上去，只有一面清澈，另外九面都是雾蒙蒙的。有人说，好坏的区别太大了，制镜工微笑着说：不是每面镜子都不能做到清澈。”因为商人的意愿，仅仅是能卖出镜子而已，现在来市集的人，一定是细心周到的挑选，选择与自己容貌相宜者。那清澈的镜子不能掩盖瑕疵，不是面目姣好的人就不能用，故喜昏镜者十居其九，而喜明镜者十难有一。我对此深有感慨，作出了《昏镜词》。

永贞元年（公元805年）初，唐顺宗任用王叔文、王伾、刘禹锡、柳宗元等人进行政治革新，由于革新触及了宦官和藩镇的既得利益，遭到他们的联合反扑。八月，顺宗被迫“内禅”，称太上皇，宪宗作为宦官和藩镇的代理人即位，革新失败。宪宗一上台，即重用宦官佞臣，对革新派人士横加迫害。八月贬王叔文渝州（今四川重庆）司户，王伾开州（今四川开县）司马（不久病死）。九月，贬刘禹锡、柳宗元等人邵州（今湖南邵阳市）刺史。十一月，又加贬永州（今湖南省永州市零陵区）司马，同贬者八人，史称“八司马”，刘禹锡为朗州（今湖南常德）司马。十二月，朝臣请上太上皇尊号，宪宗不得已而于次年正月举行，随即便为打击部分朝臣对太上皇和革新派的同情心理，改年号元和，杀害太上皇，赐死王叔文，诏令八司马“纵逢恩赦，不在量移之限”。这首诗便是针对宪即位之初重用宦官佞臣而一再迫害革新派人士的这一系列举动而发的，当作于公元 806 年顺宗及王叔文遇害消息并八司马永不量移诏令传到朗州时。诗以明镜喻贤良，指宪宗弃绝的革新派人士；昏镜喻邪僻，指宪宗亲信的宦官佞臣。那个喜欢昏镜的陋容之人便指宪宗。

刘禹锡借工匠之口，指出人们都喜欢昏镜，不喜欢明镜，挑选昏镜的目的在于“求与己宜”——选择与自己容貌相宜者，而明镜“不能隐芒杪之瑕，非美容不合”。作者用这个日常生活中的常见事实来比喻君主用人，即是说君主用人，同人们挑选镜子一样，亦在“求与己宜”，因而，贤良之才不遇英明之君，便不合而遭弃置。揭露和讽刺了唐宪宗宠幸宦官佞臣而迫害永贞革新人士的现实，把自己心中的难言之隐巧妙而贴切地表现了出来。其实，喜欢昏镜之人何止是唐宪宗及其身边那些阿谀奉承、谄媚逢迎的阴险小人。人是极其复杂的动物，我们有多少时候真正看清并做对了自己呢，又有多少人常常问自己“我是谁”呢。所以，我们自己时常就是喜欢昏镜中的一员。这是值得深思的问题。

苏轼《艾子杂说》小序说：“予读柳子厚《三戒》而爱之，又尝悼世之人，有妄怒而招悔，欲盖而弥彰者。游吴，得二事海滨之人，亦似之。作《二鱼说》，非意乎续子厚者，亦聊以自警云。”据此可知，《二鱼说》（《河豚鱼说》《乌贼鱼说》）是模仿柳宗元的《三戒》而作，而其寓意则反映饱经党争磨难的苏轼消极处世的思想。

《河豚鱼说》：河里有一种名叫河豚的鱼，喜欢在桥墩下嬉戏，经常不小心撞到桥的柱子，它们不懂得离桥远点，反而恼怒地认为是桥柱子撞了自己，就张开嘴巴竖起鱼鳍，然后挺着肚子浮在水面上来表达愤怒，很久都不换姿势。老鹰一下飞过来抓住了它，撕裂它的肚腹然后把它吃了。

喜欢游泳嬉戏但却没有掌控适度，因为游玩碰到东西，不懂得反省自己的过失，而是一味地迁怒于人，最后只能落得个被撕裂肚腹而死的下场，实在是可悲啊！

河豚鱼因为嬉戏不小心撞到桥柱子，不仅不会从主观方面寻找原因，自我反思，反而盲目地发泄自己的愤怒，以至于自己赌气胀腹被鹰啄而死，真是可悲。现实生活中不如意之事十有八九，假使在受挫以后总是被沮丧和愤怒冲昏头脑，从而丧失理智，做出像河豚鱼这样故意怄气甚至伤害到自己的行为，这是得不偿失的。真正成熟的人应该明白，无论做错什么，首先都应该要直面错误，敢于承认并认真反省。外界环境固然会有我们预想不到的困难，我们也常会遇到麻烦和受到委屈，但是环境也并不可能会因为我们的愤怒而有所改变，怨天尤人根本毫无益处，反而有害身心。我们只能通过不断改变自己来适应环境，学会适时伸缩和蛰伏，才能成为生活的主宰者。

「河豚」

《乌贼鱼说》：海里有一种叫乌贼的鱼，喷出的口沫能使附近的海水变黑。有一次，它在岸边游戏，担心别的动物看见自己，就吐出黑墨来掩蔽自己。海鸟看见海水变黑了反而起了疑心，知道乌贼躲在下面，于是飞过去抓住了它。唉，一心为了掩蔽自己以求安全，却不懂得去除痕迹来消除怀疑，结果被追寻者发现而丧命，可悲啊！

吐沫原本是乌贼用来遮蔽自己、保护自己的独特本领，然而它却自以为吐沫是多多益善，殊不知物极必反，吐出过多的乌墨不但没有起到保护自己的作用，反而暴露了自己的行踪，使自己丧失性命。这就是欲盖弥彰、弄巧成拙，聪明反被聪明误。苏轼受柳宗元的启发，对这类“此地无银三百两”的故事持以嘲讽和批判的态度，同时也借此引发人们对生存之道的一些思考：在激烈的政治斗争中，人们“自蔽以求全”可能还不够，最好还是来个彻底的“灭迹以杜疑”，以难得糊涂的态度应付人间是非。

后记

长江是中华民族的母亲河，它同古老的黄河共同孕育了光辉灿烂的华夏文明。长江流域的寓言和典故就像万里长江的孩子，它得到母亲的滋养而长成，也秉承了母亲灵动、大气的气质和魅力。

从地域上看，长江流域横跨中国东部、中部和西部，长江所经之处，孕育了各具特色的区域文化。如四川盆地的巴蜀文化、南部高原的云贵文化、洞庭云梦古泽的湖湘文化、江汉平原的荆楚文化、吴头楚尾的赣学与徽学、连天接海的吴越文化。这些不同的文化群落各具特色，又共同对长江流域的文化进行着改造、装扮、丰富和完善，也都以其各自的特质铸就了各自区域的名片，给人以深刻的印象，大大增加了长江的知名度。

从具体内容来看，长江流域的寓言典故也呈现出一定的地域特色。其一，表现政治、军事、外交方面的寓言典故，最多的是产生于湖北，其次是江浙，川渝地区则相对较少。这些寓言典故主要产生于乱世，而乱世时期的长江流域，其战争主要是割据南方的势力与周边势力的长期战争和北方王朝以统一为目的的战争。楚国的中心在今天湖北江陵一带，东晋及宋齐梁陈的中心在今天江苏南京一带，而巴蜀在战国时期是秦国的领土，后来除三国时期蜀汉政权外，并无强大的割据政权。所以表现政治、军事、外交方面的寓言典故集中于湖北和江浙一带。其二，表现人文内涵的寓言典故，产生于江浙的最多，湖北次之，湖湘赣徽次之，巴蜀最少。由于江浙地区总体上少受战火侵扰，气候湿润，物产丰富，自古有“苏湖熟，天下足”之说，人民生活安稳富足，所以文化底蕴非常丰厚，文化水平高于战乱频发的中原地区。湖北地区不仅本身文化源远流长，同时也是南北水陆交通的枢纽所在，所以汇聚过南来北往的文人墨客，文化水平也相对较为发达先进。而湖湘赣徽地区，或因文化传承始终延续，或因地缘交通优势明显，也形成了精彩纷呈的文化单元。其三，古代巴蜀地区地理环境相对闭塞，文化交流相对缺乏，但独特的自然环境却顺理成章地产生了带有明显地区特点的寓言典故，饶有趣味，值得咀嚼。成都平原作为一块风水宝地，那里出现过很多的优秀人才，那些才俊风流们的所作所为无疑又是巴蜀文化中的亮点，值得人们铭记。

从时间分布来看，长江流域的寓言典故可以分为先秦时期、秦汉时期、魏晋南北朝时期、隋唐五代时期及宋元明清以后，共五个时段。在这五个时段中，先秦时期、魏晋南北朝时期数量较多；秦汉时期、隋唐五代时期略少；而宋代以后到近现代的漫长时期内，产生于长江流域内的寓言典故数量不多，难以再独立细分成段，只能笼统观之。总之，长江流域的寓言典故呈现曲线型发展的态势，不同的时代背景呈现出不同的风格。或庄或谐，或简要或繁芜，或平凡或深刻，或哲理化或生活化，共同绘成一个多元生动的寓言典故流变史。

总之，长江流域的寓言和典故植根于长江及其支流，空灵之气、灵动之水、灵秀之人，真正是钟灵毓秀、仪态万方。在她前行的道路中，有沃野平川，也有急流险滩。她时而喷薄有力、气势非凡；时而浅吟低唱、温婉动人；时而风云迭起、高潮云集；时而波澜不惊、韬光养晦……她横亘千古、包罗万象，最后融入到中国文学这座伟大的殿堂，成为中国文学的一枝奇葩。长江流域的寓言和典故与长江流域的地理、人文、历史背景有着不可言说的渊源和默契，这也许就是孩子和母亲之间那种天然的、来自血缘深处的呼应与认同吧。

作者
2018 年 8 月

图书在版编目（CIP）数据

寓言典故 / 柳燕，温显贵著 .—武汉：长江出版社，2019.6（2023.1 重印）

（长江文明之旅丛书 . 文学艺术篇）

ISBN 978-7-5492-6539-8

Ⅰ . ①寓…　Ⅱ . ①柳…②温…　Ⅲ . ①长江流域—文化史　Ⅳ . ① K295

中国版本图书馆 CIP 数据核字（2019）第 105279 号

项目统筹：张　树
责任编辑：李海振　　王　珺
封面设计：刘斯佳

寓言典故

刘玉堂　王玉德　总主编　柳燕　温显贵　著

出版发行：上海科学技术文献出版社
地　　址：上海市长乐路 746 号　200040
出版发行：长江出版社
地　　址：武汉市解放大道 1863 号　430010
经　　销：各地新华书店
印　　刷：中印南方印刷有限公司
规　　格：710mm×1000mm　1/16
印　　张：10
字　　数：136 千字
版　　次：2019 年 6 月第 1 版　2023 年 1 月第 2 次印刷
书　　号：ISBN 978-7-5492-6539-8
定　　价：39.80 元